RADICALEMENT VIVANT AU-DELÀ DE L'ABUS

DR. LISA COONEY

REMERCIEMENTS

Ce livre est pour VOUS, celui qui prospère.
Il n'est jamais trop tard pour changer.
Commencez là où vous êtes aujourd'hui.
Vous pouvez vous sentir brisé; cependant, l'être que vous êtes
ne PEUT JAMAIS être brisé.
Il suffit d'un changement d'un degré, celui de prendre ce livre
et de changer la manière dont vous voyez les choses.
Tous mes remerciements et ma profonde gratitude à ceux qui
ont parcouru ce chemin avec moi, près de moi, à mes côtés et
loin de moi.
Peu importe où vous atterrissez ou comment vous êtes arrivé
là, vous avez changé, et vous savez que vous avez changé.
Souvenez-vous de cela !
Merci

AVANT-PROPOS

Au cours des 20 dernières années, j'ai consacré ma vie à aider les autres à se libérer de la "prison de l'abus" et à se créer une vie pleine de sens et de joie. J'ai travaillé avec des milliers de clients qui ne tarissent pas d'éloges sur les résultats brillants qu'ils ont obtenus grâce au type de facilitation que je leur propose - une facilitation équilibrée avec de la puissance, de la sexualité (l'énergie de la réception) et de la vulnérabilité.

Dans ce livre, vous aurez un aperçu de ce travail qui vous permet non seulement de surmonter un passé abusif, mais aussi de vous propulser au-delà de tout ce qui vous a empêché de vivre pleinement jusqu'à présent.

En tant que psychothérapeute de formation, j'ai passé la plus grande partie du début de ma carrière à suivre un chemin de pensée traditionnel sur la façon dont les gens peuvent guérir d'un traumatisme ou d'un abus. Et cela aurait probablement continué si je n'avais pas été mon meilleur élève.

On pourrait dire que tout ce que j'ai appris, je l'ai gagné à la dure, en l'expérimentant.

Je m'explique...

Pendant les deux premières décennies de ma vie, j'ai été extrêmement malheureux. Au début de la vingtaine, j'ai essayé de m'endormir en buvant, en me droguant et en faisant la fête. J'étais en surpoids et je ne me souciais pas de moi.

Un soir, j'ai failli mourir à cause de mon comportement imprudent.

J'ai grandi dans un foyer très violent. J'ai été victime d'abus sexuels, physiques et émotionnels depuis mon enfance jusqu'à l'âge de 20 ans.

Je me sentais coupable, impuissante et terrorisée en permanence. Rien de ce que je faisais ne semblait m'aider, et le bonheur était désespérément hors de portée. Il me semblait impossible de vivre. Les abus contrôlaient tous les aspects de ma vie.

Tout était faux, y compris moi.

Je n'ai jamais eu l'impression d'être à ma place nulle part. La seule chose qui me rendait heureuse était l'alcool et l'évasion. Je buvais ou sniffais tout ce qui me tombait sous la main pour ne rien ressentir. C'était la meilleure façon d'exister, hébétée et confuse.

Lorsque je suis arrivé à l'université, je me promenais sur le campus les yeux baissés et les épaules voûtées. Un jour, un professeur m'a tendu la main et m'a demandé si j'allais bien. Personne ne m'avait jamais demandé cela auparavant. Jamais. Mes yeux se sont immédiatement remplis de larmes.

Elle m'a aidée à comprendre que ce que j'avais vécu pouvait être traité et m'a donné l'espoir que je pouvais surmonter cette épreuve et me créer une nouvelle vie. Et c'est ce que j'ai fait.

Aujourd'hui, je vis ma vie de rêve, au-delà de tout ce que j'avais imaginé : Je voyage pour le travail et le plaisir à l'échelle internationale, animant des cours sur le fait d'être radicalement vivant au-delà des abus et de recevoir de l'énergie avec notre corps. Je vis dans une belle maison que je partage avec quelqu'un que j'adore. Je suis entourée de 25 acres de terre magnifique, de 20 chevaux, de 3 chiens et de bien d'autres choses encore. J'ai des relations intimes, nour-rissantes et de soutien avec mes amis et mes proches. Je suis dynamique et j'ai toujours envie d'en faire plus.

Quels qu'aient été mes traumatismes et mes tragédies passées, je suis vigilante et je fais des choix qui vont au-delà. Je suis heureuse - je n'ai jamais été aussi heureuse avec moi-même. Je me suis enfin "reçue" et je continue à apprendre de nouvelles façons de le faire.

La maltraitance ne connaît pas de frontières

La maltraitance, de par sa nature même, couvre un vaste territoire.

Elle nous touche, elle nous habite et se perpétue dans tous les coins et recoins de notre expérience.

Elle se manifeste dans notre façon de penser, de parler, d'agir - et de ne pas agir.

Il se manifeste dans vos finances, votre capacité à gagner de l'argent, le type d'emploi ou de travail que vous choisissez.

Elle se manifeste dans toutes les relations que vous entrete-nez, qu'il s'agisse du voisin du bout de la rue, des amis que vous gardez ou du partenaire avec lequel vous vous engagez, ou ne vous engagez pas.

Ou ne vous engagez pas.

Elle se manifeste dans votre santé, l'apparence et le fonctionnement de votre corps, les aliments que vous consommez.

Et je pourrais continuer...

L'endroit où vous voyez votre expérience se situer sur le continuum de la violence n'a pas d'importance. L'important est de reconnaître ces expériences et de les remettre en question. Peut-être avez-vous vécu des abus dans votre petite enfance, comme le traumatisme et l'horreur que j'ai vécus. Ou peut-être que vos parents ont divorcé quand vous étiez jeune et que vous n'avez jamais revu votre père (ou votre mère). Peut-être que vos parents se sont disputés à propos de l'argent et qu'aujourd'hui vous avez du mal à gagner votre vie.

Quelle que soit l'ampleur du problème, il est toujours le bienvenu ici.

Nous vivons dans un univers inclusif.

S'affranchir et accéder à la liberté

Qu'est-ce que cela signifierait pour vous de vivre au-delà de votre expérience actuelle ? Quels sont les rêves que vous portez dans votre cœur ? Quels chuchotements de la conscience entendez-vous ?

Peut-être le savez-vous, peut-être pas. Toutes les personnes qui viennent me voir ne commencent pas par savoir ce qu'elles veulent à un niveau conscient. Des années de déni, de jugement et d'abus coûtent cher en termes de coût de la vie, et parfois tout ce qu'il vous reste à montrer, c'est un petit morceau de vie, qui survit à peine.

Ce livre vous montrera comment vous libérer de ce que j'appelle la "cage invisible de la maltraitance".

Il vous ouvrira à de nouvelles idées sur ce qui est possible et vous donnera des concepts que vous pourrez utiliser à n'importe quel endroit où vous vous trouvez, à n'importe quel moment. Et peu importe que vous ayez ou non été victime d'abus dans le passé, ces principes et ces conseils s'appliquent à tous.

En revanche, si vous avez un passé de maltraitance, cela pourrait bien être une bouée de sauvetage.

Remarque : si certains de ces concepts - et le langage - que j'utilise sont nouveaux pour vous, c'est une bonne chose. Non, il ne s'agit pas d'une faute de frappe, mais d'une façon spécifique de dire quelque chose qui est enracinée dans certaines modalités que j'utilise. En effet, bien que je sois psychothérapeute diplômée, j'ai également été formée et certifiée dans de nombreuses thérapies alternatives, et mon choix de mots s'inspire donc parfois de ces dernières. (Si vous voulez en savoir plus, visitez mon site web à l'adresse suivante : www.DrLisaCooney.com)

Une chose est sûre...

Si vous mettez en pratique ce que vous lisez ici, vous vous libèrerez de ce qui vous tourmente ou vous empêche de choisir ce que vous aimeriez créer.

Cela vous conduira vers ce que j'appelle l'autonomie radicale... et j'ai hâte de la partager avec vous.

C'est parti !

AVANT-PROPOS

Dr. Lisa Cooney

Dr. Lisa Cooney est une facilitatrice exceptionnelle ! Elle cible précisément ce qui se passe et vous guide avec un soutien bienveillant ! Elle éclaire ce que vous cachez dans les recoins de votre être, ces choses dont vous ne savez pas comment vous libérer. J'ai vécu énormément de changements et pris conscience des raisons pour lesquelles j'agis comme je le fais, envers moi-même et les personnes qui me sont chères. Elle m'a donné les outils pour transformer certains des traumatismes les plus profonds et les plus sombres de ma vie. Elle m'a aidé à découvrir mon véritable moi, magnifique. J'ai MAINTENANT le VRAI CHOIX de vivre librement comme je le décide ! Je recommande vivement Dr. Lisa Cooney comme facilitatrice, pour ses cours sur le corps et vivre une vie radicalement vivante !!

Tant de choses dans ma vie ont changé depuis la première fois que j'ai entendu Dr. Lisa parler de créer et être Radicalement Vivant au-delà de l'Abus. Ne m'identifiant pas avec un passé abusif, j'ai été surpris de voir combien sa sagesse peut tout changer... au-delà de l'abus ! Ma relation avec mon corps est différente et meilleure, et je m'amuse plus et suis plus présent avec mon corps que jamais auparavant. Mes relations avec les autres sont plus faciles et je travaille avec d'autres en affaires, ce que j'évitais auparavant. Plus que tout... je choisis pour moi à un tout nouveau niveau et crée une vie qui fonctionne pour moi. Voici juste quelques-unes des façons dont la Radicalité Vivante se manifeste pour moi, jusqu'à présent. Comment cela pourrait-il être mieux ?

Travailler avec Dr. Lisa est la meilleure chose que j'ai jamais faite pour moi-même ! Ma vie a changé de manière que je n'aurais pu imaginer dans le passé. J'ai laissé derrière moi une vie de victime. Dans ce processus, je suis devenu sûr de moi et en meilleure santé à tous points de vue – physiquement, mentalement, émotionnellement et spirituellement. J'ai quitté un travail épouvantable, doublé mon revenu et créé une nouvelle entreprise. J'ai perdu plus de quarante-cinq kilos et j'ai une relation saine avec un partenaire aimant. Merci, merci, merci.

Dr. Lisa est une guérisseuse puissante et engagée, capable de prendre en main et de transformer chaque obstacle qui lui est présenté. Cela a créé une atmosphère de confiance profonde et de sécurité, permettant à toutes les peurs les plus profondes, blocages et croyances fondamentales de remonter à la surface pour être guéries. C'est un cadeau incroyable de travailler avec l'une des guérisseuses les plus puissantes du monde.

Lisa est la MEILLEURE ! En tant qu'ancien médaillé d'or et champion du monde, je soutiens pleinement le travail révolutionnaire que Dr. Lisa réalise en matière d'autonomisation et de guérison individuelle. ÇA MARCHE !

Ce livre vous est dédié, à vous le lecteur, et merci d'avoir choisi une nouvelle possibilité pour vous. Merci de choisir de vous libérer de votre passé. Merci de savoir que, quelle que soit votre tragédie, votre traumatisme ou votre limitation, vous êtes un créateur puissant et important, et vous pouvez toujours choisir au-delà de votre situation.

Si vous êtes un peu comme moi, vous avez peut-être souffert une fois ou plusieurs fois de la maladie de la dépression, de la maladie, du manque et de la solitude. J'ai trouvé que les outils et les mots présentés dans ce livre m'ont considérablement aidé dans ma guérison pour reconquérir l'expression la plus complète et la plus libre de moi-même. J'ai tenté d'être simple et pragmatique ici. J'espère que vous les trouverez également utiles.

Je sais qu'avec les traumatismes et les abus, les choses ne sont pas si simples et l'accablement est prédominant. Puissiez-vous trouver la paix et même un réconfort en sachant que si vous ne renoncez jamais, ne cédez jamais et n'abandonnez jamais, ces mots peuvent également fonctionner pour vous.

Puissiez-vous être inspiré et que votre traumatisme se transforme pour Vivre Radicalement Vivant au-delà de l'Abus.

Mon ami, toujours : Choisissez VOUS

Engagez-vous envers VOUS

Collaborez avec l'Univers Conspirant à vous Bénir et Créez pour et avec VOUS

CHAPITRE 1

Passer à autre chose est une chose simple. Ce qu'elle laisse derrière elle est difficile.

Sortir de la cage invisible de la maltraitance.

— DAVE MUSTAINE

"Pourriez-vous me donner les détails de votre enfance marquée par des abus ?" Il y eut un long silence après que mon éditeur m'ait posé cette question. Elle venait de passer en revue le premier brouillon de mon livre, "Créer après l'Abus", et voulait plus de détails sur mes abus passés. Je lui ai demandé un instant pour me rappeler de tout. Huit minutes complètes plus tard, j'ai commencé à lui énumérer les détails. Pendant ces huit minutes, j'ai balayé mon corps et j'ai été étonné de découvrir que les deux décennies d'abus physique, sexuel, émotionnel, financier, spirituel et physiologique que j'avais vécues n'"habitaient" plus mon corps - bien que je me souvienne du poids de toutes les transgressions. En partageant les détails avec elle, j'ai eu l'impression de partager l'histoire d'un client ou d'un ami, pas la mienne. Je n'étais pas en train de me dissocier ou de me déconnecter ; plutôt, j'avais incarné mon être au-delà de mon histoire d'abus. J'ai souri en réalisant à quel point j'avais parcouru un long chemin dans mon parcours de dépassement de l'abus. Une des choses qui m'a énormément aidé était de lire des livres d'auto-assistance - comme vous le faites maintenant - en surlignant les phrases jusqu'à ce que les mots sautent de la page et entrent en moi, me donnant un aperçu d'une réalité différente. Savoir que d'autres comprenaient ce que je vivais m'a donné de l'espoir. Et j'ai découvert que je n'étais certainement pas seul. J'ai aussi fait d'autres choses. Par exemple, j'ai essayé de faire sortir l'abus de moi en faisant de la randonnée, en méditant, en nageant et en faisant du vélo. J'ai cherché un soutien psychologique et même obtenu une maîtrise et un doctorat en psychologie. J'étais déterminé à m'éduquer continuellement sur le plan clinique, énergétique et psychologique, résolu à trouver un moyen de dépasser l'abus. En animant atelier après atelier et en libérant les autres de leur abus, j'ai finalement réussi à me libérer moi-même. Et je n'ai pas arrêté. Mon engagement continue à être d'éradiquer et d'éliminer l'abus sous toutes ses formes de cette planète grâce au mouvement Live Your ROAR.

SE LIBÉRER DE L'ABUS : UN NOUVEAU PARADIGME DE GUÉRISON

Peut-être avez-vous vécu de l'abus, qu'il soit sexuel, physique, spirituel, financier ou émotionnel. Il peut s'agir d'un événement isolé ou d'une série d'incidents. Il se peut que vous ayez déjà investi énormément de temps et d'énergie pour guérir votre expérience de l'abus et, peut-être, que vous n'ayez pas obtenu les résultats souhaités. C'est compréhensible. Malheureusement, j'ai constaté que de nombreux outils et pratiques antérieurs à l'approche que j'adopte pour aller au-delà de l'abus visent à nous réparer et à nous définir par notre histoire d'abus. Je ne suis pas de ceux qui croient que nous devons nous réparer pour être libres. Lorsque nous adoptons ce modèle, nous supposons qu'il y a quelque chose qui ne va pas chez nous et nous cherchons des solutions pour corriger le problème. Cela devient un puits sans fond. Et nous n'arrivons jamais au bout car nous ne nous sentons jamais réparés ou complets. Au lieu de cela, vous vous retrouvez à tourner en rond, vous demandant si cela finira un jour, attendant le jour où vous serez enfin guéri. La guérison de l'abus se produit parfois en plusieurs couches, parfois en de nombreuses couches, et se concentrer sur ce qui va bien chez vous est la pierre angulaire pour vous autonomiser au-delà de l'abus. Ce chapitre, dont une partie est extraite de mon prochain livre, "Créer Après l'Abus", décrit une nouvelle façon de guérir au-delà de l'abus. Vous allez découvrir que vous n'avez pas besoin de réparer quoi que ce soit ou de rester défini par votre abus. Vous découvrirez également comment faire le choix de mettre fin à la perpétration et de ne plus permettre à un seul acte ou à une série d'événements de dominer votre vie entière.

LA CAGE INVISIBLE DE L'ABUS

J'ai passé une grande partie de ma vie dans une cage invisible. Je dis qu'elle était invisible parce que même si j'y vivais, prisonnier silencieux, je n'étais même pas conscient de son existence. Il m'a fallu des décennies pour lui donner un nom, encore moins pour en façonner un message que je pourrais partager avec le monde. Pourtant, chaque fois que je parle de la cage invisible à quelqu'un qui a vécu de l'abus, un regard de reconnaissance, souvent de soulagement, se dessine sur son visage. Vous pourriez vivre une expérience similaire en ce moment même en lisant ces mots. La cage comprend un jugement subtil sur le caractère erroné de vous que vous considérez comme vrai. En d'autres termes, vous vous percevez comme mauvais ou erroné à cause de l'abus qui s'est produit. Ce "caractère erroné" devient le filtre à travers lequel vous vivez et percevez la réalité. Par conséquent, vous créez votre vie à partir de la perpétration et vous vous emprisonnez à l'intérieur. Votre cage est comme un fantôme qui murmure continuellement à votre oreille. Il murmure lorsque vous avez des défis. Même lorsque la vie est bonne, il ne s'arrête pas. En fait, à ces moments-là, il est probable qu'il devienne plus fort dans une tentative désespérée de vous maintenir à l'intérieur de la cage de l'abus. Vivre dans les limites de la cage vous retient dans un endroit familier. Il y a un certain réconfort étrange dans les limites de la cage, peu importe à quel point vous désirez vivre au-delà. La cage est basée sur le manque, la limitation et le mensonge. La cage vous éloigne de la liberté, du plaisir et de la possibilité. Vivre à l'intérieur de la cage, c'est vivre sans voix. Vous pouvez être capable de parler et de fonctionner dans le monde, mais il reste en vous une partie isolée, réduite au silence et coupée de la réalité - une partie qui vit en vous, engourdie et anesthésiée. La douleur de vivre à l'intérieur de la cage peut être si grande que parfois vous choisissez de ne pas y rester du tout. Vous pouvez vous engourdir ou vous évader pour éviter la douleur. Vous pourriez le faire périodiquement tout au long de la journée, en vous détachant de votre corps. Vous pouvez également utiliser la nourriture, l'alcool, les drogues ou les médicaments pour vous détacher plus profondément. Vous devenez une coquille de ce que vous êtes vraiment. Vous vous demandez pourquoi vous vous "sabotez", alors que ce que vous faites est en réalité ce que la cage est conçue pour faire : combattre la vie et dire "non" à partir d'un lieu de contraction plutôt que d'embrasser la vie et dire "oui" à partir d'un lieu d'expansion. À l'intérieur de la cage, vous continuez à réagir à la vie à partir des schémas de l'abus passé et cela maintient la perpétration en vie. Vous avez peut-être aussi remarqué que lorsque vous vivez à l'intérieur de la cage de l'abus, cela résonne dans tous les autres domaines de votre vie. Lorsque vous filtrez le monde à travers le prisme de l'abus, il semble que davantage de choses vous soient attirées, ce qui conduit à plus de culpabilité. Et des phrases comme "Vous créez votre propre réalité" n'aident pas. Lorsque le schéma d'abus se perpétue continuellement et que vous ne savez pas comment l'arrêter, cela ajoute au sentiment qu'il y a quelque chose qui ne va pas chez vous. Ce qui se produit souvent de l'intérieur de la cage, c'est que parce que l'abus embrouille notre réalité, notre perception se transforme en une forme légère de folie. Ce qui semble vrai peut être faux et vice versa. Nous nous retrouvons à faire confiance à des personnes qui ne devraient pas l'être, et à ne pas faire confiance à des personnes qui le pourraient. Des personnes peuvent entrer dans nos vies qui représentent toutes les choses que nous disons vouloir générer et manifester, mais nous les repoussons parce que nous engager avec elles signifie-rait vivre au-delà de la cage et nous nous sentons mal à l'aise de le faire. Si vous avez marché dans la cage invisible de l'abus, vous avez probablement supposé que c'était votre seule choix. En fait, pour la plupart des gens avec qui j'ai travaillé, l'idée du choix semble d'abord confuse. On nous a vendu le mythe selon lequel parce que nous avons vécu de l'abus, nos vies seront toujours remplies de souffrance. Jusqu'à maintenant, votre vie vous a probablement fourni suffisamment de preuves que c'est le cas. Pourtant, vivre dans la cage invisible de l'abus en tant que prisonnier silencieux n'est pas votre seule choix.

SE FAIRE AMI AVEC LA CAGE DE L'ABUS

Ce que j'ai découvert en soutenant des dizaines de milliers de personnes à travers le monde pour surmonter l'abus, c'est que nous ne nous libérons pas nécessairement de la cage avec une solution rapide. Tout d'abord, nous devons accroître notre conscience et reconnaître la cage. À cet instant, vous pourriez vous réveiller pour la première fois en comprenant que la cage existe. Les gens disent souvent : "Ah, c'est ça", quand ils m'entendent parler de la cage, donnant des mots à quelque chose qui reste généralement sans nom. C'est comme s'il y avait toujours eu un éléphant dans la pièce et que tout le monde le contournait silencieusement. Nous ne l'ignorons plus. Ça pue, et maintenant nous y faisons face. Après avoir reconnu la cage, vous devez accepter que vous y avez vécu. Dans un sens très réel, la cage a été votre plus grand allié dans la guérison : elle vous a protégé à un moment où vous aviez besoin de protection. La beauté est que, lorsque vous embrassez la cage tout en choisissant autre chose que de vous refermer, vous vous adoucissez. Vous vous ouvrez à la possibilité d'être en communion avec votre douleur. En fin de compte, c'est la seule façon de dissoudre les barreaux de la cage et de vous élever vers la véritable liberté, la joie et la possibilité qui existent indépendamment d'elle. Pour sortir de la cage, vous n'avez pas vraiment besoin de récupérer quoi que ce soit. C'est là que mon approche diffère radicalement de ce que vous avez peut-être déjà vécu dans d'autres types de thérapies. Au lieu de cela, vous apprenez à faire des choix différents qui ne perpétuent pas l'abus. Vous découvrez comment vous connecter avec vous-même au-delà de la folie qui a créé la cage en premier lieu. Et vous choisissez de vivre sans faire de ce qui vous est arrivé (qu'il s'agisse d'un acte unique ou d'une série d'événements) toute votre vie. Il est probable que toute votre réalité commence à changer lorsque vous commencez à remarquer comment la cage invisible se manifeste dans votre propre vie. Aller au-delà de la Cage de l'Abus La blague cruelle sur l'abus, c'est qu'il s'est terminé il y a longtemps, mais vous continuez à le perpétuer en vous traitant comme l'abuseur vous a traité. Pourquoi faites-vous cela ? La cage invisible de l'abus vous retient prisonnier à la croyance que vous êtes d'une manière ou d'une autre mauvais ou mauvaise ; que vous ne méritez pas de vivre pour vous-même mais plutôt de faire ce que les autres pensent que vous devriez faire, ou ce que vous êtes censé faire (tout comme ce qui s'est passé pendant votre abus : vous avez fait ce qu'on vous a dit, et vos besoins n'ont pas compté). Ou vous ressentez une culpabilité constante si jamais vous choisissez de vous mettre en premier. Et cette culpabilité vous pousse sans cesse à retourner dans la cage de l'abus. Lorsque vous vous faites ami avec la cage de l'abus, vous cessez d'être en guerre avec vous-même. C'est à partir de là que vous commencez à vous choisir et à vous engager dans votre propre vie. À quoi cela ressemble-t-il ? S'engager dans votre vie, c'est défendre ce que vous choisissez quoi qu'il arrive. C'est ne jamais céder et ne jamais abandonner (dit le combattant irlandais en moi). Et pourtant, ce n'est pas une question de lutte, d'efforts, d'exclusion ou de combat. Vous n'avez plus besoin de prouver ou de lutter pour avoir votre vie pour vous-même. Vous avez simplement le droit de la choisir. Cet engagement envers la vie n'est pas lourd - c'est la facilité, la légèreté, la joie et le plaisir qui sont possibles lorsque vous choisissez pour vous. Et cela nécessite une bienveillance envers vous-même que vous n'avez peut-être jamais ressentie auparavant. Mais il y a un plus grand obstacle auquel vous pourriez être confronté en vous engageant dans votre vie... J'ai guidé des milliers de personnes à surmonter leur abus sexuel et l'un des plus grands défis que je les vois affronter est de laisser tomber leur histoire d'abus. C'est leur histoire, et le rôle de victime dans leur histoire qui les empêche de s'engager envers eux-mêmes. C'est comme s'ils étaient plus attachés à l'histoire d'abus plutôt qu'à la possibilité d'une vie au-delà. J'ai été là moi-même. Je sais cela. Pourtant, cela ne doit être qu'une "phase" dans votre parcours de la cage de l'abus à l'existence radicale. Quand vous vous accrochez à l'histoire de l'abus, vous vous maintenez dans le rôle de "victime". Il semble que "la vie vous arrive" ; que vous êtes une victime des circonstances ; que quoi que vous fassiez, vous allez toujours être perdant, alors pourquoi s'en soucier ? L'abus devient alors une excellente excuse pour ne pas s'engager dans votre propre vie. Mais il y a une autre possibilité que je voudrais vous montrer. Quand vous abandonnez l'histoire de l'abus, obtenez du soutien pour libérer toute l'angoisse intérieure liée à votre abus, et sortez de la cage de l'abus et du sentiment de mauvaisness, un espace se libère pour quelque chose de nouveau : Vous découvrez la "phénoménance" de vous-même. Vous devenez radicalement vivant - un espace d'être où l'abus ne dirige plus votre vie, et où vous créez une vie pour vous-même bien au-delà de tout ce que vous auriez pu imaginer. Dans le prochain chapitre, vous en apprendrez davantage sur cette cage de l'abus et son impact sur votre capacité naturelle à créer.

CHAPITRE 2

— EMILY DICKINSON

La maltraitance est l'un des plus grands obstacles à la créativité.

À vrai dire, ce n'est pas l'abus lui-même car, dans la plupart des cas, lorsque mes clients viennent me voir, l'abus a pris fin. Il peut s'agir d'un incident isolé dans leur passé ou de plusieurs expériences d'abus sur plusieurs décennies.

Quoi qu'il en soit, le sentiment que les gens décrivent est celui d'être "coincés". C'est comme s'ils étaient prisonniers d'une cage invisible, d'une force destructrice qui les empêche de créer pleinement leur vie.

En réalité, c'est la cage de la maltraitance qui constitue l'un des plus grands obstacles à la créativité. La cage de la maltraitance perpétue la destruction, le repli sur soi, la séparation et l'isolement et, lorsqu'on y est enfermé, on est constamment en train de se dégrader et de se déresponsabiliser.

LA CAGE INVISIBLE DES ABUS

Si vous avez été victime d'abus, il est facile de rester bloqué dans des schémas répétitifs de ces abus passés qui se manifestent par des limitations au niveau de votre santé, de vos relations et de vos flux d'argent.

Essentiellement, vos capacités génératives et créatives pour faire ce que vous aimez dans le monde sont bloquées. C'est comme si l'aiguille restait bloquée sur la piste de la chanson "Je ne peux pas", "Je ne sais pas quoi faire" et "Quelque chose ne va pas chez moi".

Comment le feu de la créativité peut-il brûler lorsqu'il n'y a qu'une oppression étouffante ? Et comment puiser dans l'énergie de la créativité quand on est enfermé dans une cage invisible ?

LA DESTRUCTION L'EMPORTE SUR LA CRÉATION

Au lieu de créer votre vie, vous choisissez inconsciemment l'énergie de la destruction. De manière subtile mais omniprésente, vous détruisez tout ce que vous souhaitez créer. Cela peut prendre la forme d'une destruction ou d'une fin de relations, d'une faillite ou d'un endettement financier, et/ou d'une destruction de votre corps - sans jamais réaliser qu'il y a autre chose de possible. Vous avez l'impression de ramer à contre-courant, d'être toujours confronté à une lutte, un obstacle ou une catastrophe.

Comment cela se fait-il ?

Parce que le manque d'harmonie et les conflits nous sont familiers.

L'harmonie et la paix sont étrangères.

La cage invisible est ancrée dans le mensonge selon lequel quelque chose ne va pas chez vous. Elle est basée sur l'histoire selon laquelle vous êtes limité et qu'il vous manque quelque chose. Les jugements que vous portez sur vous-même (et potentiellement sur les autres aussi) visent à vous détruire et à vous réduire. Ils ne visent pas à créer une vie radicalement vivante.

Cela semble insensé, je sais. Pourquoi quelqu'un choisirait-il de détruire sa vie plutôt que de la créer ?

Tout ce que vous avez à faire, cependant, c'est de regarder de près et d'être prêt à être complètement honnête. Posez-vous la question :

Ai-je créé ou détruit ma vie ?

Ai-je créé ou détruit ma relation ?

Ai-je créé ou détruit ma relation avec moi-même ? Ai-je créé ou détruit ma relation avec l'argent ? Ai-je créé ou détruit ma relation avec mon corps ?

SOYEZ HONNÊTE AVEC VOUS-MÊME

Comme je l'ai décrit dans l'"Introduction", les deux premières décennies de ma vie ont été remplies d'abus : physiques, sexuels, émotionnels, mentaux, financiers. Ces abus provenaient de nombreux endroits : membres de la famille, amis de la famille, Église, agence de mannequins et guérisseurs.

Pendant toute mon enfance, on m'a répété que j'étais mauvaise, et j'ai cru à ce mensonge. C'est devenu la cage dans laquelle je vivais.

Tout au long de mon processus de guérison, j'étais déterminée à utiliser ma propre expérience des abus comme catalyseur de la révolution Beyond Abuse et, plus tard, du mouvement Live Your ROAR. Mais pour y parvenir, j'ai d'abord dû être honnête avec moi-même et voir comment je détruisais ma vie, mes relations, ma carrière, mes finances, mon corps, ma santé et mon être tout entier, au lieu de les créer.

Par exemple, je n'ai jamais voulu laisser quelqu'un m'approcher parce que j'avais peur qu'il voie ma méchanceté et s'enfuie en criant. Comment aurais-je pu créer autre chose que de la destruction si j'étais mauvaise et que personne ne m'aimait jamais ?

J'ai également appris le langage de la méchanceté en grandissant, et c'est donc ce langage que j'ai utilisé dans mes relations à l'âge adulte. J'ai créé des conflits plutôt que la communion, ce qui a entraîné le divorce et le désespoir.

Dans la vingtaine, j'ai ignoré les besoins de mon corps et je me suis engagée dans des schémas destructeurs : drogues, sexe et suralimentation. J'avais de l'argent, mais je me sentais coupable d'en avoir et pas les autres, alors je payais pour les autres afin d'essayer d'acheter leur amour.

Tous ces comportements m'ont enfermée dans la cage invisible de la maltraitance, répétant les mêmes schémas abusifs qui m'étaient familiers depuis mon enfance. Tout ce que je savais, c'était que je devais me détruire et détruire tout ce qui faisait partie de ma vie.

LE PONT AU-DELÀ DE LA CAGE

Le tournant s'est produit pour moi lorsque ma professeure d'université m'a tendu la main et m'a demandé si j'allais bien, et cette conversation avec elle est devenue le pont vers un nouveau chapitre de ma vie. Elle m'a aidée à comprendre qu'il existait une autre façon de vivre que la répétition des schémas d'abus.

Je me suis engagée à trouver le moyen de sortir de la cage qui m'enfermait dans la destruction au lieu de vivre vraiment ma vie. Je suis devenue docteur en psychologie et j'ai étudié des dizaines de modalités de guérison. En travaillant avec des thérapeutes et des guérisseurs, j'ai suivi mon propre parcours de guérison tout en aidant mes clients, en les guidant dans leur propre parcours de guérison au-delà de la cage invisible de la maltraitance.

Aujourd'hui, plus de vingt ans plus tard, j'ai travaillé avec des milliers de clients dans le monde entier et je suis profondément touchée et reconnaissante que ces premières années, marquées par tant d'abus, soient devenues le catalyseur de Creating After Abuse (Créer après les abus)

Je suis ravie de partager les clés que j'ai découvertes pour déverrouiller la cage des abus, car au-delà de la cage, au-delà du pont, il y a une façon de vivre qui est enracinée dans l'énergie de la possibilité et de la créativité.

Cette façon de vivre est ce que j'appelle être radicalement vivant.

BIENVENUE À RADICAL ALIVENESS

Imaginez ce qui suit...

Vous vous réveillez avec un élan, heureux d'être en vie et prêt à voir ce qu'il est possible de faire dans la journée. Du début à la fin, votre journée est pleine de choix basés sur vos désirs et, à partir de ces désirs, tout est possible, et vous êtes un aimant génératif et créatif.

Les gens aiment être autour de vous. Vous changez l'énergie de tout ce qui vous entoure simplement en étant vous-même.

Vos relations sont basées sur la communion et l'harmonie. Elles sont amusantes, faciles, joyeuses et mutuelles. Votre corps est sain et vibrant de vie. Vous êtes plein d'énergie. Vous rayonnez d'un éclat particulier.

Votre entreprise est en plein essor et vos collaborateurs rient et se joignent à vous dans tout ce que vous créez. Chaque jour est une nouvelle possibilité de recevoir de l'argent, du soutien et des possibilités.

La vie est une aventure joyeuse. Le rire et la légèreté envahissent votre corps. Vous êtes étonné de ressentir une telle alliance avec vous-même.

Les gens vous demandent ce que vous avez fait pour vous changer et vous répondez : "J'ai choisi moi et le bonheur et j'ai créé ce que je savais être possible".

Inspirant, n'est-ce pas ?

C'est la vie qui attend que vous la choisissiez.

Laissez-moi vous présenter les clés qui vous permettront de vous libérer de la cage de l'abus, afin que vous puissiez vous aussi traverser le pont et faire l'expérience de l'autonomie radicale.

LES 4 C : CHOISIR, S'ENGAGER, COLLABORER ET CRÉER

Les 4 C sont des clés qui vous libéreront des mensonges et des limitations auxquels vous croyiez autrefois, ainsi que du cycle destructeur qui perpétuait votre abus antérieur.

Choisissez-vous Que signifie "choisir vous-même" ? Eh bien, vous savez ce que c'est quand vous êtes dans une relation avec quelqu'un et que vous faites tout pour les soutenir et pas vous. C'est un exemple de vous ne vous choisissant pas. Lorsque vous agissez pour les autres au détriment de vous-même, vous leur accordez plus d'importance qu'à vous-même. C'est ce qui se passe dans l'abus : vos désirs et besoins deviennent sans importance. Lorsque vous vous choisissez, vos besoins et désirs deviennent importants. Vous devenez une priorité. Vous commencez à créer votre vie. Lorsque vous vous choisissez, vous pouvez toujours être généreux et être là pour les autres, mais pas au détriment de vous. Vous vous incluez dans tous vos choix et relations. Que pourriez-vous créer lorsque vous vous choisissez ?

Engagez-vous envers Vous-même Lorsque vous vous engagez envers vous-même, vous vous engagez à ne jamais céder, ne jamais abandonner et ne jamais laisser quiconque ou quoi que ce soit vous arrêter. C'est vous vous engageant envers vous-même pour vous choisir à chaque instant, chaque jour. En d'autres termes : vous ne renoncez jamais. Jamais. Ma ténacité à surmonter les deux premières décennies de ma vie et tout l'abus que j'ai subi venait de cet engagement envers moi-même. Une fois que j'ai réalisé que je vivais dans une cage d'abus et qu'il y avait quelque chose que je pouvais choisir au-delà de la cage, j'ai juré de ne jamais abandonner tant que je n'étais pas sortie de la cage et de l'autre côté du pont qui la relie.

. . .

J'ai aussi promis de donner autant de pouvoir que possible à d'autres personnes pour qu'elles se libèrent de la cage de l'abus en se choisissant et en s'engageant également dans leur propre vie. Lorsque vous vous engagez envers vous-même, vous vous engagez à être pleinement vous-même dans toutes vos relations. Vous ne vous séparez pas de vous-même pour essayer de plaire ou d'accommoder les autres. Le paradoxe, c'est qu'en vous engageant envers vous-même, vous devenez plus disponible pour vous engager envers les autres de manière harmonieuse et mutuellement satisfaisante. Que pourriez-vous créer lorsque vous vous engagez envers vous-même ?

Collaborez avec l'Univers Comme je l'ai partagé plus tôt, lorsque vous êtes à l'intérieur de la cage de l'abus, vous pouvez avoir l'impression de pagayer à contre-courant et de toujours être confronté à une lutte, un obstacle ou une catastrophe. On a l'impression que le monde est contre vous. J'ai cru cela pendant longtemps aussi. Je pensais que tout le monde était contre moi et que je devais tout faire moi-même. C'est un mensonge. Parce que, la vérité, c'est que l'Univers conspire pour vous bénir et soutient votre plus grande joie et réussite. Tout ce que vous devez faire, c'est collaborer avec lui en vous ouvrant à recevoir la contribution et le soutien de toutes les personnes et de toutes les possibilités différentes qui désirent vous donner. Et c'est aussi simple que de demander. Lorsque vous êtes prêt à demander - et à recevoir - vous découvrirez qu'il y a tellement plus de possibilités disponibles pour vous dans la création de votre vie. Que pourriez-vous créer lorsque vous collaborez avec l'Univers ?

Créez Votre Vie Vous pouvez initier une nouvelle conversation avec l'Univers en posant les questions suivantes :

. . .

Qu'est-ce qui est amusant pour vous ?

Qu'est-ce qui vous anime ?

Comment votre vie pourrait-elle être différente si vous la créiez pour vous-même ?

Que choisiriez-vous pour vous lorsque vous ne vous concentrez pas sur le fait de faire des autres votre plus grande priorité ?

Lorsque vous continuez à vous connecter à ce que vous désirez et permettez que cela soit votre plus grande priorité, vous créerez une vie inspirante et expansive pour vous-même. Vous serez le créateur, plutôt que le destructeur de votre vie. Et vraiment, comment cela pourrait-il être encore mieux que ça ?

L'Énergie de la Créativité

Les 4 C vous sortiront de la cage et vous emmèneront à travers le pont vers une vivacité radicale, un pas à la fois, un choix à la fois, de sorte que, plutôt que de détruire votre vie, vous la créez maintenant. Commencez d'abord par choisir de remettre en question la cage - de voir qu'elle est constituée de mensonges et de limitations qui ne sont pas vrais pour vous. Vous devez être prêt à abandonner les vieux schémas de pensée du type "je ne peux pas", "je ne sais pas quoi faire" et "il y a quelque chose qui ne va pas chez moi". En remettant en question la cage et en demandant ce qui d'autre est possible, vous commencez à sortir de la cage et à traverser le pont vers une autre possibilité. Le désir de quelque chose au-delà de la cage de l'abus est le carburant qui vous portera vers l'avant. Que demande à être créé maintenant ? Choisissez-le ! Soyez l'espace de possibilité. Dans le prochain chapitre, vous découvrirez un type d'énergie unique que vous avez à votre disposition pour créer la vie que vous choisissez.

CHAPITRE 3

> *"...Et je dirais que le monde est plein de merveilles que vous n'avez pas encore vues. Ne renoncez jamais à la chance de les voir."*
>
> — *J.K ROWLING (PUBLICATION TWITTER)*

En tant que praticien en guérison, j'évolue dans le domaine de la conscience pour aider les gens à transformer leur vie et à vivre radicalement vivants. Comme beaucoup de mes clients ont des antécédents de maltraitance, cette transformation peut être spectaculaire et dramatique. S'il y a un "secret" de leur succès dans ce saut, je dirais que c'est de découvrir et d'assumer leur capacité à s'engager pleinement dans l'énergie de "Je l'ai ! Peu importe quoi." Lorsque vous choisissez cet espace, vous percevrez une expansion palpable et une densité en même temps, comme une boule d'énergie vivant à l'intérieur d'une immense machine à flipper, dévalant l'espace, rebondissant sur ce qui ne fonctionne pas jusqu'à ce que, finalement, vous atterrissez là où vous avez voulu et choisi d'atterrir. Cette *énergie de "Je l'ai !", engendre l'idée que - peu importe d'où vous venez, peu importe quelle est votre histoire, peu importe les abus, les traumatismes ou les tragédies horribles qui vous sont arrivés ou à votre famille, les relations qui n'ont pas fonctionné, l'argent que vous n'avez pas ou que vous avez perdu, ou les conflits dans lesquels vous êtes impliqués - vous ne vous arrêterez pas tant que vous n'aurez pas ce que vous désirez. Donc, même si vous êtes métaphoriquement dans cette machine à flipper, rebondissant d'un côté à l'autre, progressant de deux longueurs et reculant d'une, vous vous lancez sans relâche dans la vie avec la conscience que - peu importe ce que vous ne semblez pas pouvoir dépasser - cela ne fonctionne pas pour vous, et vous ne vous arrêterez pas tant que cela ne changera pas. Je l'ai ! Peu importe quoi.*

Bien sûr, voici une version plus naturelle et professionnelle :

Au départ, cela peut sembler un peu difficile. Cela me rappelle l'adage : "Travaillez dur, jouez dur", et bien que ce ne soit pas tout à fait la même chose - car l'énergie de "Je l'ai !" est fluide - cela nécessite une volonté consciente de continuer à avancer, malgré les obstacles apparents qui semblent vous rejeter ou vous arrêter. En effet, vous pourriez dire : "D'accord, cela n'a pas fonctionné. Le choix apporte la prise de conscience. Peu importe quoi. Alors, quelle est la prochaine étape ?" Et ensuite, vous vous lancez.

Jusqu'où pouvez-vous aller ?

Par exemple, l'un de mes clients a entendu les murmures de la conscience lui suggérant d'avoir un enfant au moment même où son mariage de 10 ans était en train de se désintégrer. Elle avait toujours voulu avoir un enfant, mais pour diverses raisons, cela n'avait pas fonctionné. Cependant, cette idée continuait à la hanter.

Pendant cette période, elle a travaillé avec moi intensivement pour choisir d'écouter ces murmures, et à mesure qu'elle le faisait, tout a commencé à changer rapidement. Elle était déterminée à avoir un enfant, peu importe les obstacles, et elle a commencé à prendre les grandes décisions nécessaires pour créer la vie qu'elle désirait. Cela incluait choisir de divorcer et d'avoir un bébé seule. Au début, elle a rencontré de nombreux obstacles. Les médecins spécialistes de la fertilité ne voulaient rien avoir à faire avec cela car le divorce compliquait la situation. Ensuite, une fois qu'elle est tombée enceinte, elle a été confrontée à la discrimination en tant que mère célibataire dans son entreprise, même si elle était une employée de haut rang dans une position prestigieuse.

Mais plus sa vie s'effondrait, plus elle restait engagée dans le processus et travaillait à éclaircir sa conscience.

Essentiellement, elle disait : "Je vais avoir cet enfant. Je sens l'énergie de cet esprit autour de moi et je ne vais pas abandonner cela. Je choisis de créer cela. Que dois-je faire pour que cela se produise et qu'est-ce qui fonctionnera pour moi ?" Et dans cette optique, elle écoutait les murmures de la conscience concernant l'esprit de ce bébé et trouvait un moyen de tomber enceinte tout en abordant les aspects pratiques de cette décision. Elle a choisi d'utiliser les outils de guérison énergétique et l'énergie de "Je l'ai !" pour se dire : "Je me choisis quoi qu'il arrive".

COMMANDER ET EXIGER

Peu importe ce qui ne fonctionne pas, d'une manière ou d'une autre, il y aura une ouverture, même si cela semble aussi minuscule qu'un trou d'épingle à travers lequel vous devez vous faufiler. Cependant, cela ne nécessite pas de vous plier, de vous replier, de vous mutiler ou de vous presser pour y parvenir. Au lieu de cela, vous vous "dégagez" des obligations, serments, vœux, contrats, génétique, ascendance, systèmes de croyances et réalité physique qui vous disent : "Vous ne pouvez pas tout avoir. Vous ne pouvez pas dire ce que vous désirez vraiment. Vous ne pouvez pas créer votre vie comme vous le désirez vraiment." Lorsque vous entrez dans cette énergie, cela peut intimider certaines personnes autour de vous. Elles peuvent confondre le fait de faire une demande pour vous-même avec "être exigeant", en particulier si elles ont grandi avec des parents abusifs ou "exigeants" et ne comprennent pas la distinction. Faire une demande est une position puissante de "Je l'ai !" alors que l'autre peut avoir une connotation abusive. Ils ne pourraient pas être plus fonda-mentalement différents. Malheureusement, au fond, la plupart des gens ne croient pas vraiment qu'ils peuvent commander et exiger leur vie, la créer avec la facilité qui peut vraiment être, et ils vivent donc leur vie comme "un jeu d'at-tente". Ils attendent que quelqu'un d'autre soit prêt à chan-ger, la création et le succès de quelqu'un d'autre pour qu'ils puissent sauter dedans et devenir quelque chose. En se lais-sant porter ainsi, ils deviennent plus une énergie de succion parasitaire qu'une énergie génératrice et créatrice pour eux-mêmes, leur entreprise et leurs relations. C'est le contraire de "Je l'ai !" C'est plus comme "Ils l'ont et je vais voir ce que je peux en tirer !" Bien sûr, cela ne contribue en rien à trans-former leur vie ou à être l'agent du changement en collabora-tion avec d'autres ou avec la terre. Cette complaisance dans laquelle les gens vivent les plonge dans un état d'ennui, perpé-tuellement en suspens, attendant que "ce qui est" change. Bien sûr, ils désirent quelque chose de plus et en parlent tout le temps, mais ils ne parviennent jamais à générer et à créer. Leurs pensées ont tendance à tourner en rond comme un tigre qui poursuit sa queue :

. . .

"Pourquoi cela m'arrive-t-il toujours ? Tout est tellement difficile. Rien ne fonctionne jamais pour moi, peu importe à quel point j'essaie. Pourquoi tout est-il si difficile ? Comment se fait-il que ça marche pour les autres mais pas pour moi ?"

Leurs vies sont confinées à une très petite zone, que j'ai décrite plus tôt, comme une sorte de cage auto-imposée avec des "barreaux" énergétiques qui les maintiennent prisonniers.

Alors, à quoi ressemble la mentalité de commande et d'exigence dans différentes situations ? Eh bien, au travail, au lieu d'être passif, vous devriez adopter une approche proactive de la vie. Une approche plus proactive implique de faire des demandes pour son propre développement professionnel, de fixer des objectifs clairs et de créer activement des opportunités. C'est dire, "Je choisis cette voie professionnelle, et je vais la concrétiser."

Cette mentalité tend à être enrichissante et peut conduire à une vie professionnelle plus épanouissante. Dans un contexte professionnel, il s'agit d'être une force génératrice et créative dans son entreprise, en façonnant activement sa trajectoire et son succès. Vous devez reconnaître la différence entre co-créer une entreprise prospère et simplement bénéficier des efforts de quelqu'un d'autre.

Cependant, soyez prudent dans les relations ; il est essentiel de reconnaître la distinction entre affirmer vos besoins et être dominateur. Il ne s'agit pas de dominer les autres ; au contraire, il s'agit d'exprimer clairement vos désirs et attentes dans une relation. Une communication saine et ouverte peut conduire à des liens plus enrichissants. En revanche, l'approche passive dans les relations entraîne souvent des besoins non satisfaits et des désirs non exprimés, ce qui entraîne frustration et insatisfaction.

Et en ce qui concerne les défis, adopter une approche de commande et d'exigence signifie reconnaître les défis comme des opportunités de croissance et chercher activement des solutions. Il s'agit de ne pas abandonner face à l'adversité et de réaliser que le changement peut être créé avec intention et effort.

SE LIBÉRER

La cage de l'abus est construite avec quatre éléments fondamentaux, que je désigne comme les "4 D". Nous les explorerons plus en détail dans le Chapitre Six, mais pour l'instant, il est utile de comprendre ce qu'ils impliquent :

- Dissociation
- Déni
- Défense
- Déconnexion

Dans ma pratique, j'aide les individus à reconnaître cette cage invisible afin qu'ils puissent non seulement en libérer leur emprise et s'engager dans la liberté, mais aussi traverser le "pont" vers la Vie Radicale, en embrassant l'énergie de "Je le veux ! Peu importe quoi."

Comme vous vous en souviendrez peut-être du chapitre précédent, la Vie Radicale comprend quatre composantes essentielles - les "4 C" :

- Choisir pour soi-même
- S'engager envers soi-même
- Collaborer en comprenant que l'univers conspire
  pour vous bénir
- Créer la vie que vous envisagez

Attendre implique l'indécision. Cela laisse la porte entrouverte, empêchant la réalisation de quoi que ce soit au-delà de la tourmente et du tumulte semblables à une machine à flipper. Cela perpétue la destruction et le désenchantement, maintenant votre confinement au sein de la cage invisible de l'abus.

Chez MediOrtho Solutions, j'ai joué un rôle déterminant dans la réorganisation des approches marketing pour plus de 30 produits orthopédiques. Mes initiatives comprenaient l'intégration d'analyses de données avancées pour affiner le positionnement des produits, ce qui a permis d'améliorer considérablement le ciblage et d'augmenter la pénétration du marché de 45 % en Amérique du Nord. Ma stratégie était axée sur une compréhension approfondie de la dynamique du marché et des besoins des consommateurs, ce qui s'est avéré crucial pour développer des campagnes de marketing sur mesure qui ont trouvé un écho auprès de notre public cible.

Auparavant, chez OrthoTech Innovations, mon rôle consistait à collaborer directement avec les équipes de R&D et de réglementation pour veiller à ce que nos stratégies de marketing soient non seulement innovantes, mais aussi conformes aux réglementations de la FDA. Ce rôle nécessitait un œil attentif aux avancées technologiques et une forte compréhension des environnements réglementaires, afin de s'assurer que nos stratégies de marketing s'alignaient sur les normes de l'industrie et les attentes des clients.

Ces expériences m'ont permis d'acquérir un ensemble de compétences solides et une compréhension approfondie de l'industrie des dispositifs médicaux, en particulier dans le domaine de l'orthopédie, ce qui me permet de gérer efficacement les lignes de produits et de mener des efforts de marketing qui atteignent et dépassent les objectifs de l'entreprise.

Je l'ai ! Je le choisis ! Je me choisis !

Dans cette énergie, il y a la volonté de tout laisser tomber. Il faut être prêt à tout perdre pour tout avoir. Et, bien que cela puisse sembler une mauvaise chose, si vous y regardez de plus près, vous découvrirez généralement que la plupart de ces choses sont des choses que vous ne vouliez pas de toute façon parce que, à un certain niveau, elles ne vous soutenaient pas pleinement.

Ne nous voilons pas la face...

Si vous voulez quelque chose qui soit un "10", vous devrez probablement vous débarrasser du "9" auquel vous vous accrochiez, même si, au départ, c'est peut-être la forme et la structure qui sont les plus difficiles à abandonner. Dans mon cas personnel, je n'ai pas eu de problème à lâcher prise ou à faire changer quoi que ce soit à ce que j'ai dit plus haut. La difficulté à laquelle je me suis heurtée était de "croire" que cela devait se présenter d'une certaine manière pour correspondre à cette réalité - jusqu'à ce que j'adhère à l'esprit du changement et que je fasse le choix de continuer à me choisir et à maintenir l'exigence de "je l'ai" ! Quoi qu'il arrive, je suis radicalement vivante. Peu importe qui je perds, ce que je perds, qui quitte ma vie, la vie de qui je quitte, je ne renoncerai jamais à moi.

Si vous êtes attentif lorsque la vie s'effondre de la sorte, vous pouvez réellement sentir et percevoir l'énergie du changement - souvent, il s'agit du véritable changement que vous réclamez depuis un certain temps. C'est ce que j'ai ressenti lorsque j'ai vu ma vie entière s'effondrer sous mes yeux, se fondre en liquide et nourrir la terre. Mais même avec tout ce qu'il y avait de collant, de gluant et d'émotionnel, je savais qu'il n'y avait rien qui se produisait dans l'énergie que je n'aurais pas eue si j'avais changé.

Dans ces situations, j'ai découvert que la meilleure chose à faire est quelque peu contre-intuitive - il suffit de jouer avec, de jouer avec l'énergie et de faire passer le flipper par le trou d'épingle pour arriver à tout ce qui est expansif et léger. Nous abandonnons souvent juste avant que la magie n'opère.

Car, voilà le problème...

Et si tout se mettait en place ?

L'énergie peut donner l'impression que tout s'écroule, mais si tout se mettait vraiment en place ?

C'est certainement le moment où vous pouvez faire ce choix pragmatique et renoncer à ce que vous exigez et désirez vraiment. Ou bien vous pouvez dire : "Non, je peux créer cela, je peux faire cela, j'ai besoin de cela, je collabore avec l'univers, je me choisis moi-même et je m'engage à créer ma vie qui s'écroule".

Vous devez savoir que l'univers conspire pour vous bénir, car vous êtes la demande pour vous, même lorsque l'apparence des choses change. Si vous regardez la nature, vous verrez que c'est l'ordre naturel des choses. Que se passe-t-il après un incendie dans les bois ? Une nouvelle vie se développe.

Dans la créativité, il y a toujours une rupture, un mouvement vers un espace expansif de choix et de création. À l'instar de la pratique chinoise du Feng Shui, qui consiste à déplacer consciemment des objets et à les réorganiser pour créer un environnement plus harmonieux et plus prospère, l'énergie "Je l'ai !" est le mouvement des molécules en vous pour incarner la demande d'une vie radicalement vivante, au-delà de tout ce que vous avez permis jusqu'à présent.

TOUT EST UNE QUESTION DE CHOIX VOTRE CHOIX

Être la force génératrice, l'énergie du "je l'ai", c'est le contraire de l'attente. C'est une excuse, en fait, d'attendre que les choses "se déroulent", d'attendre ce "signe" ou que ce que vous attendez soit évident. Vous vous mettez dans une position où vous risquez d'attendre très longtemps.

Je demande aux gens : "N'avez-vous pas attendu assez long-temps que quelqu'un d'autre soit la demande dans votre vie ? Et si vous étiez l'énergie que vous attendez ?"

Vous rendez-vous compte que vous pouvez être une demande pour vous même en vous associant à quelqu'un d'autre ? C'est ce que j'ai créé avec mon équipe au siège de Live Your ROAR LLC. Chacun est devenu le catalyseur pour aller au-delà de l'abus et vivre radicalement. Personne ne roule sur mes plates-bandes. Nous demandons tous à l'entreprise ce qu'elle désire et ce qu'elle aimerait avoir, puis nous nous employons à le créer. Nous vivons en fonction de la demande et l'univers répond à nos demandes.

Si vous êtes quelqu'un qui a l'énergie du "je l'ai ! Quoi qu'il arrive, côtoyer des personnes qui "attendent" peut s'avérer difficile, c'est le moins que l'on puisse dire. Par exemple, disons que vous êtes propriétaire d'une petite entreprise et qu'un de vos employés a du mal à recevoir de l'argent. De toute évidence, vous n'étiez probablement pas au courant de ce problème lorsque vous l'avez embauché et que vous l'avez placé à un poste où il est responsable de l'argent. Plus tard, lorsque vous lui demandez où en est un paiement, vous remarquez qu'il s'excuse ou dit des choses comme "Oui, j'ai parlé au client et il m'a dit qu'il avait payé", alors que votre banque vous a informé que le paiement avait été refusé. Vous continuez à faire des allers-retours, et cela se reproduit encore et encore.

Ce qui se passe, c'est que parce qu'ils refusent de recevoir de l'argent pour eux-mêmes, ils bloquent inconsciemment la réception d'argent au nom de l'entreprise. Cela crée un jeu d'attente pour recevoir de l'argent et peut détruire les entreprises et les relations.

Lorsqu'il s'agit d'argent, le fait de le recevoir et de le percevoir exige un pouvoir personnel qui permet de choisir ce que l'on désire au-delà de ce que l'on a. En d'autres termes, cela exige l'énergie "Je l'ai ! Quoi qu'il arrive.

L'énergie générative du "Je l'ai !" est un espace où tous les coups sont permis, où l'on va de l'avant et où l'on crée ce que l'on veut. Peu importe où vous êtes ou où vous voulez être, le processus de création est toujours le même et vous pouvez supposer que, lorsqu'il sera suffisamment proche pour être goûté, les choses commenceront à chauffer, à imploser ou à s'effondrer.

C'est à ce moment précis qu'il faut lâcher prise et s'engager pleinement dans le "je l'ai", afin que tout se mette en place en accord avec l'univers et avec votre choix. Il s'agit donc de vous et de votre volonté de permettre à la grandeur de cette réalité qui est ici de collaborer avec vous et de vous bénir.

Cependant... il y a un "piège".

Votre volonté de permettre tout ce soutien en votre nom présuppose une capacité à recevoir réellement, et j'ai constaté que c'est là que les personnes qui ont été abusées rencontrent souvent des problèmes.

Franchement, elles ne le font pas très bien.

Passons donc à autre chose et découvrons ce qu'il faut faire pour devenir un "grand receveur".

CHAPITRE 4

La gentillesse constante peut accomplir beaucoup. Comme le soleil fait fondre la glace, la gentillesse fait s'évaporer l'incompréhension, la méfiance et l'hostilité.

— ALBERT SCHWEITZER

Vous êtes né pour être gentil - et je n'invente rien.

Selon une interview publiée dans Scientific American et intitulée "Oubliez la survie du plus fort : C'est la gentillesse qui compte", la gentillesse est "câblée" dans notre cerveau.

Ce n'est pas que tout le monde l'adopte par défaut, mais c'est un don inné.

Mon intention, dans ce chapitre, est de la mettre en lumière d'une manière que vous n'avez peut-être jamais envisagée auparavant car, en vérité, la gentillesse est bien plus qu'une simple bonne idée ou que quelque chose que vous faites pour être "gentil".

C'est en fait une force, ou un pouvoir, qui, comme l'a si élégamment formulé Albert Schweitzer, "fait s'évaporer l'incompréhension, la méfiance et l'hostilité".

Et si vous avez été victime d'une forme quelconque de maltraitance dans votre vie - passée ou présente - vous voudrez connaître cet ami intérieur.

Personnellement, je ne me suis pas liée d'amitié avec lui avant d'avoir une vingtaine d'années - après que mon professeur de violence familiale m'a montré ce qu'était la gentillesse en s'approchant de moi et en me demandant si j'allais bien. Elle avait remarqué mon langage corporel, qui s'était formé après deux décennies d'abus, de traumatismes et de jugements que j'avais subis en grandissant. Mes épaules étaient voûtées, presque jusqu'aux oreilles, afin de me protéger des coups qui m'étaient portés physiquement, verbalement et énergétiquement.

J'avais aussi d'autres comportements évidents qui provenaient des abus sexuels que j'avais subis en tant qu'enfant modèle. Du moins, ils étaient évidents pour un œil averti. Ces schémas d'abus avaient été intériorisés à de nombreux niveaux - à la fois dans ma façon de marcher et de me tenir et dans la façon dont je communiquais avec moi-même et avec les autres.

Aujourd'hui, j'appelle cela la "somatique du traumatisme", ces façons d'être qui deviennent une partie solidifiée de notre structure physique et énergétique, intégrée et verrouillée dans notre structure cellulaire et moléculaire.

Cela semble lourd, n'est-ce pas ? Comme une forteresse imprenable.

La bonne nouvelle, c'est que, si c'est le cas, la gentillesse est comme le moteur de siège qui va l'abattre.

La forteresse du jugement

Voici ce qu'il en est du jugement...

Il existe depuis très, très longtemps - des milliers et des milliers d'années. Les humains l'ont perfectionné en tant que "compétence". Mais ce n'est pas le pire.

Le jugement est inscrit dans notre ADN. Nous en héritons lorsque nous naissons dans la conscience collective, avec des lignes générationnelles qui traversent le temps et nous sont transmises. Jusqu'à ce que quelqu'un brise le cycle. C'est l'histoire des "péchés du père".

Que faut-il donc pour briser le cycle ?

Excellente question...

Mais avant de le faire, voyons ce que le jugement perpétue dans votre vie si vous ne le faites pas.

Le jugement vous fait mentir à vous-même et vous enferme dans une "cage invisible d'abus", qui vous empêche de vous approcher de vous-même, des autres, de vivre et certainement de créer la vie que vous désirez.

Le jugement est une forme de constriction et de limitation, un dispositif d'autodestruction et une forme omniprésente d'abus de soi. C'est le contraire de l'expansion qui vous maintient petit et en lutte, victime et impuissant, blindé et engourdi. En conséquence, vous cessez de générer et de créer au-delà de la cage ; au lieu de cela, vous perpétuez votre insécurité et votre faiblesse et vous entretenez le cycle de l'abus.

Lorsque vous vous jugez, vous devenez votre propre geôlier éternel et vous vous enfermez encore plus dans la fausseté de votre personne. Le jugement vous ramène au confort de ce que vous savez (à quel point vous êtes "mauvais") et vous garantit que vous n'aurez jamais à être plus que ce que vous êtes maintenant. Il renforce la cage invisible de la maltraitance.

Lorsque vous jugez quelqu'un, vous vous défendez, vous vous déconnectez, vous niez et vous vous dissociez de ce que vous ne voulez pas voir chez vous. C'est ce que j'appelle les "4 D". De par sa conception, le jugement vous isole et vous sépare, à l'opposé de l'unité et de l'appartenance.

Le jugement est en fait quelque chose que j'appelle la "réception forcée" parce que, par essence, vous vous forcez à accepter les jugements de quelqu'un d'autre, en particulier lorsque vous avez été maltraité et que vous avez dû recevoir quelque chose que vous ne vouliez pas - que vous avez été forcé de recevoir. En conséquence, vous développez des "piquants" pointus, semblables à des flèches, comme un porc-épic, qui peuvent repousser les gens et les empêcheront de s'approcher trop près.

Les jugements sont des résistances à la réalité que nous utilisons pour nous protéger. Beaucoup d'entre eux ont été appris dans l'enfance, soit parce que nous les avons vus ou entendus, soit parce que nous les avons décidés en réaction à quelque chose qui nous arrivait. Ces décisions sont ensuite devenues des habitudes de pensée, la lentille à travers laquelle nous voyons et vivons en pilotage automatique pour le reste du vol.

Le problème est qu'en continuant à les utiliser dans nos rencontres quotidiennes avec la vie, nous nous coupons de toute autre possibilité d'être, de faire ou d'avoir.

C'est à cette fin - éliminer et transformer ces jugements pour vivre une vie libre et joyeuse - que j'ai consacré la plus grande partie de ma carrière et de ma pratique de guérison.

En fait, j'ai un nom pour cela. Je l'appelle vivre votre ROAR (Radically, Orgasmically, Alive Reality). Cela vous paraît amusant ?

Vous êtes tout en possibilités

Votre vraie nature est la créativité, l'abondance et l'expansion sans limites.

Lorsque vous êtes assis derrière un bureau dans un réduit, vous n'en avez pas forcément l'impression, alors la meilleure façon que je connaisse d'apprécier et de développer votre conscience de ce savoir, c'est de sortir plus souvent dans la nature.

Vous n'avez même pas besoin de faire quoi que ce soit...

Cela vous viendra intuitivement.

L'une des raisons pour lesquelles être dans la nature est si puissant est que la terre est le seul endroit où le jugement ne peut pas résider. C'est l'endroit où vous pouvez revenir encore et encore pour vous libérer de vos jugements et ressentir la paix et les possibilités d'expansion. C'est en fait une gentillesse que de faire don de vos jugements à la terre.

En donnant le fumier de vos jugements à la terre, vous fertilisez littéralement une nouvelle possibilité pour vous et pour tous les autres.

Qu'est-ce qui est possible ?

Tout d'abord, une fois que tu t'es libéré de la cage de l'abus qui te maintient dans une histoire de "victime", le monde entier s'ouvre à toi. Là-bas, dans l'espace sauvage, vous réalisez que vous avez d'autres choix quant à la manière de vivre et de vous comporter avec vous-même et avec les autres.

Par exemple, dans mon cas, lorsque j'ai découvert qui j'étais vraiment, au-delà d'une fille renfermée, misérable et autodestructrice, j'ai appris que j'étais gentille, brillante, phénoménale et drôle.

Qui et quoi attend d'être vu par vous ?

Au fur et à mesure que vous faites de nouveaux choix, vous commencez à prendre confiance en vous. Les vieux schémas d'abus n'ont plus de pouvoir sur vous. Vous avez maintenant le pouvoir sur vos abus et, avec cela, le pouvoir de choisir une nouvelle vie pour vous-même.

Vous ne créez plus votre vie à partir de la destruction, mais à partir d'un choix.

Je sais que cela peut sembler difficile parce que, très franchement, vous êtes peut-être plus attaché à l'histoire de la victime qu'à la possibilité d'une vie au-delà. C'est ce que je constate régulièrement chez les personnes qui viennent me voir pour la première fois. Vous pouvez vous sentir victime des circonstances, comme je l'ai été pendant si longtemps, et penser qu'il n'y a rien que vous puissiez faire pour changer les choses.

Mais c'est un mensonge...

Tout simplement.

La gentillesse, une énergie génératrice

Il est courant pour les enfants qui ont été maltraités de croire qu'ils sont mauvais et qu'ils ont tort, mais il a fallu cette conversation avec ma professeure de violence familiale à l'université, et son aide, pour que je comprenne que je n'étais pas sans valeur.

Cette professeure a été la première personne à me demander si j'allais bien, et ce simple geste de gentillesse m'a fait prendre conscience que je n'allais pas bien. Grâce à son soutien, j'ai commencé à comprendre qu'il y avait quelque chose à faire pour surmonter les abus dont j'avais été victime, que je pourrais un jour aller au-delà de la survie et même de l'épanouissement.

C'est comme si elle m'avait donné la clé secrète pour me libérer de la cage de mes propres abus.

J'ai commencé à voir les schémas abusifs et destructeurs que je perpétuais par un comportement imprudent et je me suis engagée à faire des choix différents. Je n'ai pas fait cela toute seule. Grâce à un soutien professionnel et à des conversations confidentielles, j'ai enfin pu me libérer de l'histoire de victime que je vivais depuis près de trente ans.

Lorsque j'ai lâché prise, la cage invisible a commencé à s'effondrer elle aussi. Je n'avais plus besoin des barrières et des murs que j'avais érigés pour me protéger, car j'ai peu à peu réalisé que j'avais d'autres choix quant à la manière dont je vivais et dont je me comportais avec moi-même et avec les autres.

Et tout a commencé par ce simple acte de gentillesse qui a effectivement fait "s'évaporer l'incompréhension, la méfiance et l'hostilité".

Il est évident que ce n'est pas le cas de tous les actes de gentillesse. La gentillesse revêt de nombreux visages. Elle va de l'acte le plus simple - comme un sourire - qui ne prend pas plus d'une seconde, aux offres d'aide extravagantes. Elle peut être aléatoire et venir de nulle part ou être donnée en réponse aux besoins de quelqu'un.

En vérité, elle vous est probablement plus naturelle que toute autre approche car, comme je l'ai dit au début, la gentillesse est déjà en vous.

Vous n'avez pas besoin d'aller bien loin pour la trouver, même si elle peut vous sembler impossible d'accès lorsque vous êtes enfermé dans le jugement. Donc, si vous avez du mal à être gentil, commencez à chercher autour de vous les jugements sous-jacents qui vous bloquent la vue.

Une façon d'y parvenir est de poser des questions telles que celles-ci : "Est-ce que je porte un jugement ou est-ce que je suis bienveillant ?

- "Est-ce que je fais preuve de jugement ou de gentillesse dans ce domaine ?" - que ce soit par rapport à l'argent, aux relations, à votre corps ou à autre chose.
- Est-ce que cela me semble expansif ou restrictif ?
- "Est-ce que je me sens léger ou lourd ?"

En vous engageant à accepter la gentillesse pour vous-même - de vous-même et des autres - un nouvel espace d'énergie et de conscience peut apparaître - un lieu de réception qui est à la fois vibrant, vivant, puissant, juteux et délicieusement vous-même.

La gentillesse inaugure un pic de vitalité qui ne nécessite que quatre choses, que j'appelle les "4 E" :

1. Accueillez ce qui est vrai pour vous
2. Examinez ce que vous regardez réellement
3. Développez une nouvelle possibilité, une nouvelle conscience et une nouvelle gentillesse.
4. Incarner le changement et la vérité de soi

D'une manière très concrète, l'apprentissage de la gentillesse est comme l'apprentissage d'une nouvelle langue. Dans mon cas, ce n'était pas une langue qui m'était familière. Ce n'était pas ma "première" langue, celle que j'entendais et parlais à la maison. Et il m'a fallu pratiquer au fil du temps non seulement pour l'apprendre, mais aussi pour la parler couramment.

Et, comme la langue, c'est une énergie créative et générative - exactement ce qu'il faut pour créer une nouvelle vie remplie de l'énergie de l'expansion.

Ce qui est merveilleux, c'est qu'en renonçant aux jugements et en exploitant le pouvoir de la gentillesse et de la douceur, vous pouvez dissoudre toutes les manières insensibles dont vous avez fait l'expérience et laisser tomber le besoin de vous protéger.

Vous pouvez enfin vous débarrasser des piquants et vous ouvrir à une vie généreuse - pour être vraiment le cadeau que vous êtes pour vous-même et pour le monde. Dans ce lieu sans barrières, vous découvrirez un espace plus doux, plus vulnérable... à la fois sacré et sûr.

C'est ici que l'énergie de la réception s'écoule librement et facilement comme une grande rivière.

Il vous suffit de la choisir, de vous y engager et de la laisser vous entraîner sur son chemin large et généreux. Tout est à vous, il suffit de le choisir.

Dans le prochain chapitre, nous parlerons plus en détail de la réception et, plus précisément, de la "réception séduite".

CHAPITRE 5

Dès lors, j'ai compris que c'était ce que je voulais faire, ce que j'étais censé faire.

faire : Donner de l'énergie et la recevoir en retour sous forme d'applaudissements. J'adore ça.

C'est mon monde. J'adore ça. Je l'apprécie. Je vis pour lui.

— ERYKAH BADU

J'espère que vous commencez à comprendre que vous êtes ici pour vivre une vie bien plus grande que ce que vous avez imaginé jusqu'à présent.

Quoi qu'il en soit.

Peut-être que votre "quoi" - comme le mien - consiste à surmonter des décennies d'abus et à vivre radicalement. Si j'ai pu créer une vie qui dépasse mes rêves les plus fous, je sais que vous pouvez le faire aussi. En fait, je le sais pour tous mes clients.

Que vous ayez ou non été victime d'abus, il y a de fortes chances, si vous lisez ce livre, qu'il y ait quelque chose dans votre vie qui ressemble à un piège, à une cage, à une façon dont vous vous sentez exclu de la possibilité de recevoir.

La bonne nouvelle, c'est que la clé qui vous permettra d'ouvrir la prison de la non-réception se trouve à l'intérieur de vous.

Qu'est-ce que recevoir ?

Recevoir est une action que vous entreprenez sans barrière envers qui que ce soit ou quoi que ce soit. C'est un espace de vulnérabilité, d'ouverture et d'unité avec tout. Recevoir n'a pas de limites ni d'obligations. Ce n'est pas forcé ou exigé, c'est simplement une façon d'être l'espace de vous dans l'énergie de vous en tant que conscience de vous !

Pour être l'énergie, l'espace et la conscience de vous, il vous suffit d'imaginer que vous êtes aussi grand que l'univers et la terre. Dans cette grandeur, vous êtes tout et rien à la fois. Vous faites partie de tout cela parce qu'il existe littéralement une communion moléculaire qui comprend la conscience avec, pour et à propos de tout.

Cette énergie que j'appelle "recevoir" vous donne un pouvoir total, un choix total, une conscience totale, une force totale provenant de la vulnérabilité contenue dans la volonté d'être le plus grand vous qui soit.

À quoi ressemblerait le monde si nous vivions tous dans cet espace d'énergie ?

Malheureusement, l'énergie de réception sur cette planète a été embourbée dans les guerres, les conflits, les abus et la terreur, ce qui n'est pas du tout l'énergie de réception. L'accueil crée, l'abus détruit. L'accueil génère ; les guerres détruisent. L'accueil produit la communion ; les conflits créent des séparations. Recevoir construit la durabilité ; la terreur éteint le choix. Choisir, c'est recevoir.

Recevoir, c'est choisir au-delà de la forme et de la structure de cette réalité.

Recevoir est donc la plus grande arme dont nous disposons pour abolir les modes d'existence dépassés - simplement en étant l'énergie de l'acceptation totale.

Qu'est-ce que l'énergie de la réception ?

Recevoir est l'énergie nécessaire pour vivre la vie que vous désirez. C'est aussi l'énergie que vous pouvez bloquer si vous avez été victime d'une forme quelconque d'abus.

Comment savoir si vous bloquez l'énergie de réception ?

- Vous avez soif de communion, mais vous vous sentez coincé dans des relations peu satisfaisantes.
- Vous souhaitez réussir dans votre carrière, mais vous avez atteint un plateau et ne comprenez pas pourquoi vous ne gagnez pas plus.
- Vous rêvez d'une santé éclatante, mais vous luttez contre une maladie chronique.

Dans mon propre processus de guérison, j'ai découvert qu'il existe un lien direct entre les abus et la tendance à bloquer la réception. Pourtant, il existe des moyens de débloquer l'énergie de la réception dans votre vie. Vous trouverez ci-dessous une liste de cinq étapes qui peuvent vous aider :

5 ÉTAPES POUR DÉBLOQUER L'ÉNERGIE DE LA RÉCEPTION

Étape 1 : Reconnaître le porc-épic invisible

Combien de fois vous arrive-t-il de vous hérisser lorsque quelqu'un vient vers vous ? J'appelle cela le "porc-épic invisible". C'est un phénomène que je connais très bien, à la fois chez moi et chez les clients avec lesquels j'ai travaillé au cours des deux dernières décennies.

Vous savez d'où viennent ces piquants ? De vos abus passés. Il fut un temps où le monde n'était pas sûr pour vous, alors vous avez créé ces piquants pour vous protéger. Ces piquants fonctionnaient bien à l'époque ; ils sont tout simplement dépassés aujourd'hui.

Dans quelle mesure ces piquants vous empêchent-ils d'inviter quelqu'un dans votre vie ?

Tout comme vous espériez que les piquants éloigneraient votre agresseur, ils maintiennent maintenant l'amour, l'argent, les clients et tout le reste à une distance "sûre". Une distance de sécurité bloque la réception parce que vous êtes toujours à l'affût du moment où la catastrophe se produira.

Est-il temps de mettre à jour votre disque dur ?

La première étape pour vous débloquer de l'énergie de la réception est de reconnaître que vous avez été un porc-épic invisible avec des piquants armés et prêts à se défendre 24 heures sur 24, 7 jours sur 7, en incarnant une posture d'auto-défense pour l'attaque en permanence.

ÉTAPE 2 : ÉLIMINER LES HISTOIRES QUI EMPÊCHENT DE RECEVOIR

Lorsque vous avez été victime d'abus, vous avez été forcé de "recevoir" quelque chose que vous ne souhaitiez pas recevoir. À ce moment-là, vous avez créé une histoire selon laquelle il n'est pas sûr de recevoir, sous quelque forme que ce soit. De l'amour ? De l'argent ? La santé ? Tout devient dangereux.

Pour moi, recevoir signifiait recevoir des jugements. Cela signifiait faire ce que ma mère disait pour ne pas être battue. Cela signifiait être et vivre les réalités des autres avec un désir désespéré de recevoir de l'affection et de l'amour (ce que je n'ai jamais eu, sauf sous la forme d'argent et d'objets et, finalement, d'abus).

Que signifie recevoir pour vous ?

Quelles sont les histoires que vous vous êtes racontées à propos de la réception et qui maintiennent les piquants en place ?

qui maintiennent les piquants en place ? Êtes-vous prêt à vous défaire de ces histoires ?

Qui ou quoi avez-vous mal identifié et mal appliqué en tant que réception alors qu'il s'agit en fait d'une défense ?

ÉTAPE 3 : RECONNAÎTRE QUE LES PIQUANTS FONT MAL DANS LES DEUX SENS

Tout comme les "piquants" du porc-épic invisible pointent vers l'extérieur et maintiennent tout dans la vie (amour, argent, santé, etc.) à une distance "sûre", ils pointent également vers l'intérieur et vous empêchent d'aller de l'avant dans votre propre vie.

À un moment donné, peut-être il y a longtemps, vous avez appris qu'il n'était pas "sûr" de vous manifester. Dans votre tentative de fuir les abus ou d'en parler à quelqu'un, vous vous êtes peut-être déconnecté(e) ou dissocié(e). D'une manière ou d'une autre, vous vous êtes éloigné de vous-même pour essayer de vous protéger.

Ainsi, vous continuez à vous piquer avec vos propres piquants sous la forme d'histoires selon lesquelles il n'est pas sûr d'être vu ou entendu.

Sais-tu ce qui est le plus douloureux dans tout cela ? Tu vis ta propre vie à une distance "sûre" de toi-même et tu ne reçois jamais pleinement la beauté et la puissance de toi.

Vous n'arrivez jamais à vous recevoir.

Et franchement, vous ne savez probablement pas qui vous êtes - qui vous êtes vraiment - parce que vous avez toujours été les piquants et que vous n'avez jamais permis au vrai vous d'émerger.

C'est là la véritable épidémie d'abus, compte tenu de cette réalité : Nous divorçons

de nous-mêmes.

Tout comme aux étapes 1 et 2, vous devez reconnaître que les piquants vous blessent aussi et abandonner les histoires que vous vous êtes faites sur ce que signifie se manifester dans votre propre vie, et le moyen d'y parvenir est le pardon et l'acceptation. Ce sont les clés de cette étape, et elles ne s'adressent à personne d'autre qu'à vous.

Se pardonner et s'accepter soi-même est la plus grande bonté que vous puissiez recevoir.

ÉTAPE 4 : ABANDONNER LA RÉCEPTION FORCÉE

Comme nous l'avons mentionné à l'étape 2, lorsque vous avez été victime d'abus, vous avez été forcé de "recevoir" quelque chose que vous ne souhaitiez pas recevoir. C'est ce qu'on appelle la "réception forcée".

Comment cette expérience passée influence-t-elle la façon dont vous donnez aux autres aujourd'hui ?

Avez-vous renoncé à la réception forcée ou êtes-vous en train de répéter le cycle ? La réception forcée vous expose à être rejeté encore et encore. C'est ce qui vous empêche de vivre une véritable communion dans tous les aspects de votre vie.

Comment savoir si tu es prisonnier du cycle de la "réception forcée" ?

Vous pensez savoir ce qui est le mieux pour les autres : "Tiens, mange ça". "Fais ceci." "Prends ça". Vous donnez ce que vous pensez que les autres "devraient" avoir plutôt que ce qu'ils demandent.

En fait, vous vous sentez supérieur à tout le monde et vous ignorez tout. Ce n'est pas parce que vous pouvez faire quelque chose pour les autres qu'ils le veulent. Forcer quelqu'un à recevoir ce que vous pensez être le mieux pour lui suggère que vous savez mieux, que vous êtes plus intelligent et plus conscient, ce qui le dévalorise complètement. C'est un manque total de respect pour leur être.

Cessez donc d'imposer votre volonté aux autres, permettez-leur d'être ce qu'ils sont et accueillez-les sans aucun point de vue. La simple curiosité à l'égard d'autrui contribue grandement à créer des relations fondées sur l'accueil et l'autorisation.

Alors, comment aller au-delà de la "réception forcée" et entrer dans une autre possibilité ?

ÉTAPE 5 : ACCEPTER LA RÉCEPTION SÉDUITE

Tout commence par une prise de conscience. Une fois que vous voyez comment vous utilisez la "réception forcée", vous pouvez choisir autre chose.

Pourquoi ne pas essayer la réception séduite ?

Il est vrai que la séduction peut vous sembler un peu dangereuse, en particulier si vous avez été victime d'abus après avoir été ou fait quelque chose qui a "séduit" une autre personne pour qu'elle s'impose à vous.

Il s'agit donc d'un simple rappel, comme à l'étape 2, vous pouvez choisir de vous débarrasser de cette histoire qui vous empêche de recevoir.

Et s'il existait une façon "sûre" d'être séduisant ?

Et si la "réception séduite" était essentielle pour inviter tout ce que vous désirez dans votre vie ? Nos agresseurs ont tenté de prendre quelque chose qu'ils n'avaient pas le droit d'avoir. Garder la séduction ou la vie orgasmique loin de vous permet aux auteurs de vous contrôler. Devenir l'art de votre propre séduction restaure un espace d'incarnation qui a toujours été en vous, même avant l'abus. Réclamez-le, il est à vous.

En recevant séduit, vous êtes l'invitation à ce que vous désirez. Vous devenez l'énergie de la possibilité d'une meilleure santé, de meilleures relations, de l'argent et des affaires.

Que faudrait-il pour que votre gentillesse et votre douceur soient si fortes qu'elles dissolvent toutes les manières insensibles dont vous avez fait l'expérience (et contre lesquelles vous continuez d'essayer de vous "protéger" avec vos piquants) ?

Dans ce lieu de réception séduite, vous êtes vraiment le cadeau que vous pouvez être : pour vous-même et pour le monde.

Dans ce lieu de douce vulnérabilité, vous lâchez les piquants ; il n'y a plus de barrières. Ici, l'énergie de la réception circule librement et facilement. L'espace, l'énergie et la conscience de la réception sont vibrants, vivants, puissants, juteux et tout simplement délicieux.

C'est délicieux parce que c'est vous qui êtes vous.

C'est vivant parce que vous incarnez votre énergie.

Elle est puissante parce que votre plus grande force est la gentillesse.

Elle est vibrante et juteuse parce que vous permettez à chacun d'entre vous d'être doué dans et avec cette réalité, qui change tout et chacun en vous et autour de vous au niveau moléculaire.

La réception séduite est la plus grande forme de vitalité sur cette planète. Nous la possédons tous intrinsèquement et, plus vous l'embrasserez, plus vous vous connecterez à l'énergie d'expansion, comme vous le découvrirez dans le prochain chapitre.

CHAPITRE 6

La vie personnelle profondément vécue s'étend toujours à des vérités qui la dépassent.

— ANAÏS NIN

À l'âge de sept ans, je me souviens avoir regardé la lune par la fenêtre de ma chambre, une prière pesant lourdement sur mon cœur. À cette époque, j'avais déjà subi toutes sortes d'abus physiques, sexuels, émotionnels et mentaux qui se sont poursuivis jusque dans la vingtaine. C'est à ce jeune âge que je me suis engagée à sortir de ce que j'appelle la cage invisible de la maltraitance, car je savais que quelque chose d'autre était possible.

J'ai fait le serment qu'un jour, je trouverais un moyen de sortir de la vie que je menais. J'ai fait le serment de faire ce qu'il fallait pour créer un monde où tous les enfants pourraient poser leur tête sur leur oreiller la nuit et se reposer en paix.

Il m'a fallu des années, beaucoup de soutien et de courage pour pratiquer l'art de l'énergie d'expansion. J'ai trouvé un moyen de m'épanouir au-delà des abus sexuels subis dans mon enfance et j'ai aidé de nombreuses personnes à vivre au-delà de leurs propres abus pour créer des vies sans limites.

Je voyage dans le monde entier pour animer des cours. J'ai une émission de radio sur Voice America, où je touche des milliers d'auditeurs chaque semaine avec mon émission "Beyond Abuse, Beyond Therapy, Beyond Anything" (Au-delà des abus, Au-delà de la thérapie, Au-delà de tout).

On peut dire que j'ai tenu la promesse que j'avais faite à la petite fille de 7 ans que j'étais.

J'ai choisi de ne jamais abandonner, de ne jamais céder et de toujours aller vers ce qui était infiniment possible. Aujourd'hui, je me suis engagée à éradiquer et à éliminer la maltraitance de cette planète afin que davantage d'enfants et d'adultes vivent l'existence autonome et expansive à laquelle ils ont droit de par leur naissance.

CE N'EST PAS QU'UNE QUESTION DE MALTRAITANCE

Pour être clair, il n'est pas nécessaire d'avoir subi des abus dans son enfance pour se retrouver enfermé dans sa propre cage invisible, une cage qui vous empêche d'être l'énergie de l'expansion et de la grandeur que vous désirez.

La cage invisible ne connaît pas de genre et est plus qu'heureuse de piéger n'importe qui.

Si vous avez été pris dans ses griffes, vous êtes probablement prêt à vous libérer et à créer le monde que vous savez possible. Peut-être que, comme moi, vous avez fait le vœu de le faire pour vous-même, mais vous ne savez pas exactement comment vous y prendre.

Je vous invite à explorer les façons dont la "cage invisible" vous a empêché d'atteindre votre grandeur afin que vous puissiez, vous aussi, dépasser l'étroitesse de la cage et incarner l'énergie de l'expansion.

RECONNAÎTRE L'ÉNERGIE D'EXPANSION

Si vous entreprenez ce voyage, il est utile de savoir ce que vous cherchez à créer. L'énergie d'expansion est :

- Connaître votre grandeur et l'être magique que vous êtes vraiment.

- Vivre une vie de plaisir, de liberté, de joie et d'ouverture radicale.

- Reconnaître qu'il existe toujours des possibilités infinies

- Demander et recevoir ce que vous désirez

- Faire l'expérience de la communion avec soi-même et avec les autres

- Offrir au monde ce qui vous est propre

- Choisir de créer une vie autonome au-delà de toute limite.

C'est assez fantastique, n'est-ce pas ? Imaginez le genre de vie que vous pouvez créer lorsque vous incarnez cette énergie d'expansion.

Afin d'embrasser pleinement cette énergie puissante et d'opérer à partir d'elle, examinons trois des plus grandes limites de la cage invisible et comment les dépasser pour incarner l'énergie d'expansion que vous êtes vraiment.

DE LA VICTIMISATION À L'AUTONOMISATION

Enfant, j'étais plutôt renfermée sur moi-même. Rien de ce que je faisais ne faisait de différence : Je continuais à être maltraitée. J'ai grandi en croyant qu'il n'y avait rien à faire pour échapper à la violence. J'en étais la victime.

J'ai porté cette image de victime jusque dans la vingtaine - je buvais, je faisais la fête, je me droguais et j'adoptais d'autres comportements imprudents pour essayer d'échapper à la douleur des abus que j'avais subis. Je ne me souciais pas de moi-même. Je ne savais pas à l'époque à quel point il est courant pour les enfants victimes d'abus de croire qu'ils sont mauvais et qu'ils ont tort.

Le voyage au-delà de l'histoire de la victime m'a conduit à travers la cage invisible jusqu'à moi et, finalement, à sortir de la cage pour découvrir qui je suis vraiment. J'ai découvert qui j'étais vraiment, au-delà de la fille misérable et autodestructrice qui se refermait sur elle-même. J'ai appris que j'étais gentille, brillante, phénoménale et drôle.

J'ai également réalisé que j'avais d'autres choix quant à ma façon de vivre et de me comporter avec moi-même et avec les autres. Au fur et à mesure que j'exerçais ces nouveaux choix, j'ai pris confiance en moi. J'ai affronté directement les vieux schémas et j'ai reconnu qu'ils me détruisaient. J'ai alors choisi de vivre à partir de ce qui est bon pour moi. Malgré les abus, j'ai choisi de me donner la possibilité de créer quelque chose de complètement différent, tout en restant connectée à ce que j'ai toujours été.

Qu'en est-il pour vous ?

L'histoire de la victime domine-t-elle votre vie ? Avez-vous aussi répété le cycle de l'abus à travers des schémas autodestructeurs, et pouvez-vous voir à quel point cela vous prive d'autonomie ?

Et si vous pouviez créer votre vie en choisissant plutôt qu'en détruisant ?

Si vous avez été victime d'une forme quelconque de maltraitance dans votre vie, ou d'une forme quelconque de "méchanceté", il se peut que vous soyez plus attaché à l'histoire du "pauvre moi" qu'à la possibilité d'une vie au-delà de cette histoire. Vous pouvez vous sentir victime des circonstances, comme je l'ai été pendant si longtemps, comme s'il n'y avait rien à faire pour changer les choses. Chaque fois que j'ai dit qu'il n'y avait rien à faire pour changer ma vie, j'ai su que je mentais. Le choix que j'ai fait a fait la différence entre moi et mes sentiments. J'ai réalisé que je ne suis pas mes sentiments et que je suis mes choix.

Mais, si tu le choisis, tu peux faire en sorte que ce soit une "phase" de ton voyage de la cage invisible à l'énergie de l'expansion. Êtes-vous prêt à vous défaire de l'histoire de l'absence de choix ? Si oui, les étapes suivantes peuvent vous guider.

₃ ÉTAPES POUR DÉPASSER LA VICTIMISATION ET SE RESPONSABILISER

Obtenez le soutien d'un professionnel

Souvent, les personnes avec lesquelles vous partagez vos problèmes sont celles - famille ou amis qui ont contribué à les créer. Le fait de parler avec un professionnel accélère votre propre cheminement pour sortir de la victimisation. Le fait de partager ce que vous souhaitez créer avec une autre personne et de collaborer ensemble en vous donnant les moyens de faire vos choix contribue grandement à vous faire sortir de la situation de maltraitance. C'est un plan à toute épreuve pour vivre radicalement. Les professionnels de la guérison avec lesquels j'ai travaillé sont devenus mes alliés dans la guérison. Je me permets maintenant de l'être pour les autres comme je le suis pour moi-même. Ne jugez jamais de la longueur ou du chemin que prend la route, mais continuez à choisir au-delà de l'étroitesse de ce qui n'a jamais été le vôtre au départ.

PARTAGEZ VOTRE HISTOIRE ET LIBÉREZ TOUS VOS SECRETS

Les secrets vous maintiennent dans le rôle de victime. Ils créent de la honte, vous privent de pouvoir et vous enferment dans la constriction et la limitation. Pour chaque secret, vous devez invoquer environ 25 raisons et justifications pour le maintenir en place. Ces secrets deviennent un poids mort et vous éloignent de l'authenticité que vous désirez. Et curieusement, ces secrets ne sont même pas les vôtres. Ce sont généralement les auteurs ou les jugements d'autres personnes qui vous empêchent d'être vous-même. Le jugement est une véritable épidémie dans cette réalité, en particulier en ce qui concerne les abus.

CHOISISSEZ DE LÂCHER PRISE - ET DE DÉPASSER L'"HISTOIRE DE LA VICTIME"

Lorsque vous lâchez votre histoire et que vous la dépassez, vous commencez à devenir la magie que vous êtes vraiment. Vous découvrez l'énergie de l'expansion qui vous est offerte au-delà de la cage. L'art de se défaire de son histoire consiste à faire le choix de créer ce que l'on aime vraiment être et faire. La maltraitance donne l'impression que vous n'avez jamais eu le choix. À ce moment-là, ce n'était pas le cas, mais dans les années qui suivent, c'est le cas à chaque seconde de chaque jour. J'ai décidé que mon histoire serait ce que je crée maintenant et non pas ce que j'ai créé sur la base de ce qui s'est passé il y a des années.

En dépassant votre ancienne histoire, vous commencerez à ressentir l'énergie de l'expansion : la liberté, la joie et votre propre grandeur. Vous commencerez à voir plus de possibilités pour vous et votre vie et découvrirez de nouvelles sources de votre puissance dans des endroits surprenants. Cela vous permettra de reconnaître que vous avez toujours été vous-même, au-delà des abus et avant les abus. L'abus n'a jamais à vous définir ; vous êtes tellement plus et vous l'êtes toujours.

DE L'ARMURE À LA VULNÉRABILITÉ

Lorsque ma mère m'injuriait et me traitait de tous les noms, je ne pleurais pas et je ne laissais pas paraître ma colère. Je faisais ce qu'on me demandait, j'en finissais et j'allais me cacher dans ma chambre. Lorsqu'elle me battait, je m'armais d'acier et je m'arc-boutais. Je savais qu'il ne fallait pas pleurer parce qu'elle me frapperait encore plus fort. Je savais que ce serait fini plus tôt si je me contentais d'encaisser et de revêtir mon "armure" invisible en ne pleurant pas.

J'ai grandi en croyant que j'étais plus en sécurité si j'étais dure. J'ai développé une armure très épaisse pour protéger mes entrailles douces. De cette façon, mes agresseurs n'ont eu que mon armure ; ils ne m'ont jamais complètement "eue".

Comme je l'ai expliqué dans un chapitre précédent, j'appelle ce type de comportement "l'armure, le phénomène du porc-épic invisible". Tout comme un porc-épic se défend avec des piquants acérés, il se peut que vous portiez une armure faite de piquants invisibles. C'est votre meilleure tentative pour vous protéger d'un monde qui ne vous semble pas sûr.

Mais comment peut-on être expansif quand on est constamment en train de se défendre ?

Tout comme vous espériez que les piquants éloigneraient un agresseur, ils maintiennent maintenant les relations, l'argent, les clients et tout le reste à une distance "sûre".

Ces piquants vous empêchent de recevoir la vie que vous désirez parce qu'il est dangereux de recevoir quoi que ce soit.

Dans quelle mesure ces mécanismes de protection vous empêchent-ils d'entrer dans votre vie en ce moment ? Tout comme ces piquants invisibles de porc-épic se projettent vers l'extérieur, maintenant une distance de sécurité par rapport à divers aspects de la vie tels que les relations, les finances et les clients, ils se tournent également vers l'intérieur, vous empêchant de vous engager pleinement dans votre propre vie.

À un moment donné, peut-être dans un passé lointain, vous avez appris qu'il n'était pas "sûr" d'aller de l'avant. Vous vous êtes peut-être déconnecté ou dissocié de vous-même pour tenter d'éviter ou de révéler des cas de maltraitance. Quoi qu'il en soit, vous vous êtes éloigné de votre véritable personnalité afin de préserver votre bien-être.

Par conséquent, vous persistez à vous blesser involontairement avec vos propres piquants de protection, exprimés sous la forme d'auto-jugements et de la croyance qu'il n'est pas sûr d'exprimer votre vrai moi. Pour tenter d'échapper à toute menace potentielle, vous continuez à vous diminuer, vous efforçant même de passer inaperçu.

Voulez-vous savoir ce qu'il y a de plus douloureux dans tout cela ?

Vous vivez votre propre vie à une distance "blindée et sûre" de vous-même, sans jamais recevoir pleinement la beauté et la puissance de votre personne. Vous ne faites jamais l'expérience de la force de votre vulnérabilité.

La vulnérabilité, c'est être soi-même sans l'armure, sans les défenses. Il m'a fallu être en relation avec des thérapeutes, des guérisseurs, des partenaires et, en fin de compte, avec moi-même, pour croire que je pouvais être "en sécurité" si j'enlevais mon armure.

Avec le temps, j'ai fini par me débarrasser de mes piquants intérieurs et extérieurs.

Et au fur et à mesure que mes piquants se dissolvaient, j'ai découvert un nouveau niveau de vulnérabilité qui m'a servi dans une bien plus grande mesure.

Dans cet espace ouvert et doux, j'ai fait l'expérience d'une communion avec moi-même et avec les autres comme je ne l'avais jamais connue auparavant. J'ai pu demander et recevoir ce que je désirais vraiment. Et je me suis sentie plus vivante que jamais parce que je me recevais enfin pleinement, moi et ma vie.

J'ai découvert que la vulnérabilité a une puissance qui semble et se sent très différente de la force de la "résistance". En fait, cette puissance est la meilleure "protection" dont vous puissiez avoir besoin.

Un petit avertissement cependant...

Lorsque l'armure disparaît, vous pouvez vous sentir un peu "nu" ou surexposé - et c'est tout à fait normal. Il n'y a rien qui cloche. Il s'agit simplement de votre espace intérieur doux qui devient plus exposé à une vie de communion avec vous-même au-delà de l'armure.

Cependant, il y a un dernier aspect omniprésent de la cage invisible qui vous empêchera d'accéder à l'énergie de l'expansion, à moins que vous n'appreniez à la dépasser.

Du jugement à la gentillesse

Le jugement est le contraire de l'expansion. C'est une forme de constriction et de limitation, et une forme omniprésente d'abus de soi.

Lorsque vous jugez quelqu'un, vous vous défendez, vous vous déconnectez, vous niez et vous vous dissociez de ce que vous ne voulez pas voir chez vous. Le jugement vous fait mentir et vous enferme dans la cage invisible de l'abus, qui vous éloigne de vous, des autres, de la vie et certainement de la création de la vie que vous désirez. Lorsque vous vous jugez, vous devenez votre propre geôlier éternel et vous vous enfermez encore plus dans la fausseté de votre personne. Le jugement vous ramène au confort de ce que vous savez (à quel point vous êtes "mauvais") et vous garantit que vous n'aurez jamais à être plus que ce que vous êtes maintenant. Il consolide la cage invisible de la maltraitance.

Le jugement vous maintient petit et en lutte, victime et impuissant, blindé et engourdi. En conséquence, vous cessez de générer et de créer au-delà de la cage ; au lieu de cela, vous vous perpétuez et vous entretenez le cycle de la maltraitance.

En quoi est-ce une gentillesse à votre égard ? À qui que ce soit ?

La seule façon de sortir de la cage et d'entrer dans l'énergie de l'expansion est d'aller au-delà du jugement, et il y a six étapes qui peuvent vous aider.

6 étapes pour accéder à l'espace d'absence de jugement

1.Asseyez-vous dans un endroit calme, fermez les yeux et respirez profondément.

2.Développez votre énergie dans la terre

3.Offrez vos jugements à la terre en guise de contribution.

4.Ouvrez-vous pour recevoir la contribution que la terre peut être pour vous.

5.Ramenez votre énergie en vous sans vos jugements.

6.Notez ce dont vous êtes conscient

La terre est le seul endroit où le jugement ne peut pas résider. C'est l'endroit où vous pouvez revenir sans cesse pour vous libérer de vos jugements et ressentir la paix et les possibilités d'expansion. C'est en fait une gentillesse que de faire don de vos jugements à la terre. En donnant le fumier du jugement à la terre, vous fertilisez une nouvelle possibilité pour vous-même et pour tous les autres.

Dans l'espace d'absence de jugement se trouve la gentillesse. La gentillesse est la vérité de qui vous êtes et de ce que vous avez toujours été.

La gentillesse est une énergie génératrice. Après avoir parcouru le monde et travaillé avec des milliers de personnes, j'ai découvert que la gentillesse est nécessaire pour aller au-delà du jugement, de l'abus et de la limitation. Cette énergie générative est ce qui crée une nouvelle vie remplie de l'énergie de l'expansion.

À titre d'exercice, prenez un moment pour imaginer...

- Que se passerait-il en 50 ans sur cette planète si vous choisissiez la gentillesse ?

- Que se passerait-il si vous abandonniez l'histoire de la victime et choisissiez la voie de l'autonomisation ?

- Que se passerait-il si vous vous libériez de l'armure et choisissiez la puissance de la vulnérabilité ?

- La maladie disparaîtrait-elle ?

- Les conflits s'apaiseraient-ils ?

- Seriez-vous heureux ?

- Comment l'énergie de l'expansion vous ouvrirait-elle à un monde de nouvelles possibilités ?

Il y a une vie au-delà des abus... au-delà d'une cage qui vous maintient petit et impuissant.

Il n'est pas nécessaire d'être jeune, comme je l'étais à sept ans, regardant la lune, rêvant d'une vie au-delà des abus, pour commencer à utiliser la formidable force d'attraction de l'énergie d'expansion. Cela fonctionne pour tout le monde, où que vous soyez.

Tout ce qu'il faut, c'est que vous choisissiez de jouer avec, et c'est de cela qu'il s'agit dans le prochain chapitre.

CHAPITRE 7

La vie peut être beaucoup plus simple - et beaucoup plus amusante - que la plupart d'entre nous ne le pensent.

Tellement simple, en fait, que, pour l'essentiel, mes 25 années de travail dans le domaine des thérapies non traditionnelles et énergétiques se résument à un thème majeur : Découvrir ce qui ne fonctionne pas pour les gens, leur donner les moyens de faire un meilleur choix, contribuer à l'actualisation de leurs désirs et générer les multiples possibilités de créer la vie qu'ils souhaitent.

Lorsque je fais cela, les résultats sont stupéfiants.

Et ce n'est pas seulement qu'ils sont plus heureux, bien qu'ils le soient. C'est aussi que le "problème" - comme l'indiquent les médicaments qu'ils prennent, les maladies qu'ils ont, le manque d'argent ou autre *chose - disparaît également. Pouf ! Comme par magie... et tout ce qui est nécessaire pour obtenir ces résultats, c'est la volonté de choisir pour soi-même et d'apporter l'énergie et l'exigence du jeu dans sa vie. Alors pourquoi n'y a-t-il pas plus de gens qui le font ?*

C'est une très bonne question....

Ce que j'ai découvert dans mon travail, c'est que la plupart des personnes ayant subi des abus ont du mal à jouer, à s'amuser et à lâcher prise. Ce n'est pas qu'elles n'en ont pas la capacité - nous l'avons tous - c'est que le jeu, dans leur esprit, a été associé à quelque chose de complètement différent - et de "mauvais".

Par exemple, le jeu s'est parfois transformé en une activité sexuelle où l'on se sent à la fois mal et bien. C'est déroutant parce qu'on ne sait pas vraiment ce qui est mal, ce qui est bien ou ce qui se passe. Dans ce cas, le jeu est associé à la honte sexuelle, à un sentiment d'injustice qui se traduit par "je ne devrais pas faire ça", et tout ce qui y ressemble - plaisir, relâchement, légèreté - équivaut à un sentiment de perte de contrôle, semblable à ce que l'on ressentait lorsqu'on était victime d'abus.

Dans le vrai jeu, vous vous engagez dans une activité pour le plaisir et la récréation, en invitant quelque chose de nouveau à exister par l'imagination, l'activité, la possibilité, la généra-tion et la création.

En cas d'abus, le jeu change. Il devient sérieux et pratique, il s'agit de savoir "ce qui va se passer", ce qui le rend étriqué et le prive de la liberté et de la conscience de s'amuser, comme un enfant qui court en toute liberté. Quand on est un enfant, on n'a pas de pensées qui s'inquiètent et se demandent si quelque chose de mauvais va encore arriver. Peu de choses sont plus amusantes que l'inconnu, l'anticipation, la surprise. Quel enfant n'a pas posé avec impatience la question "M'as-tu apporté une surprise ?" et n'a pas battu des mains de joie et d'attente ? En revanche, pour une personne qui a un passé de violence, la surprise est la dernière chose qu'elle souhaite. L'hyper-vigilance devient le mot d'ordre. Regarder derrière soi ou au coin de la rue devient un jeu de survie.

Le jeu du baron voleur

En cas d'abus, vous vous enfermez dans la nécessité de tenir votre corps d'une certaine façon, de vous restreindre d'une certaine façon, de faire les choses d'une certaine façon afin de ne pas être à nouveau victime d'abus. Vous entrez dans l'énergie de la conclusion, de la décision, du jugement et de la restriction. Comme un mauvais cas d'arthrite, vous devenez si rigide que vous vous privez de toute créativité, de toute géné-ration et de toute fluidité. Vous êtes coincé dans ce que j'ap-pelle la cage invisible de l'abus, que je décris en détail dans mon prochain livre, Creating After Abuse.

Dans cette cage que vous vous êtes imposée, vous ne pouvez pas vous amuser parce que vous attendez toujours la prochaine catastrophe. Naviguer dans la vie devient un peu comme faire du rafting dans des rapides d'eau vive. Dans cet état, vous vous demandez : "Pourquoi cela m'arrive-t-il toujours ? Tout est un tel combat. Rien ne fonctionne jamais pour moi, quels que soient mes efforts. Pourquoi tout est-il si difficile ?"

La réponse est que, pour l'essentiel, vous êtes enfermé dans les quatre "piliers" ou les quatre "D" - présentés au chapitre 3 - qui constituent la cage invisible : Dissociation, Déni, Défense et Déconnexion.

Dans cette optique, même les activités créatives les plus simples, telles que la randonnée en solitaire, peuvent être interdites parce que vous êtes trop conscient de vous-même dans un monde qui est devenu dangereux. Constamment sur ses gardes, conscient qu'à tout moment sa sécurité ou son confort peuvent être interrompus, il s'étend à d'autres aspects de son être. Elle est partout - dans votre corps, vos relations, votre argent, votre sexualité - et vous contraint et vous contracte au lieu de vous étendre à de nouvelles possibilités.

Du point de vue de la santé, la rigidité et l'enfermement dans le corps peuvent avoir de graves répercussions. En l'absence d'une forme fluide, le blocage peut s'ensuivre, restreignant littéralement la circulation sanguine, privant vos organes d'oxygène et d'autres éléments vitaux dont votre corps a besoin pour fonctionner sans effort. Au fil du temps, cette situation peut se détériorer et entraîner des maladies chroniques, voire des troubles endocriniens ou surrénaliens. C'est en tout cas ce qui s'est passé pour moi.

En ce qui concerne les relations, vous pouvez avoir tendance à choisir des personnes qui sont plus représentatives de l'enfermement présent et bloqué dans votre corps parce que c'est ainsi que vous savez, ou pensez, que les relations devraient être. Vous choisissez énergétiquement, consciemment ou inconsciemment, des personnes qui vous restreignent plutôt que des personnes qui créent des possibilités pour vous et avec vous. Vos revenus et votre potentiel à gagner de l'argent sont menacés parce que vous avez besoin de jouer la carte de la sécurité. Un exemple serait d'accepter un travail que vous n'aimez pas mais qui vous donne un salaire sur lequel vous pouvez compter, même si vous détestez vous y rendre tous les jours. Où est le plaisir dans ce choix ?

C'est comme vivre à l'envers, contre l'énergie, au lieu d'aller de l'avant avec des possibilités. La vie devient "Je suis en sécurité" au lieu de "C'est génial ! Que puis-je créer d'autre ?"

Le jeu et la créativité sont alimentés par l'imagination, un esprit ouvert et interrogatif, un espace détendu et la possibilité que quelque chose de génératif et d'expansif se produise. C'est tout le contraire de ce qui se passe lorsque l'esprit est retenu dans la cage invisible de la maltraitance :

- Besoin important de structure
- Maîtrise de la situation
- Prêt à tout
- Besoin de tout savoir
- Repli sur soi et isolement
- Orienté vers la conclusion
- Conformisme
- Méfiance à l'égard de l'inconnu
- Manque de sécurité
- Conscience hyper-vigilante

Vos forces créatives sont maintenues en mouvement en puisant dans l'énergie moléculaire de la connaissance libre de la possibilité pure - où tout est possible et où la communion est la source de la création.

Dans le jeu, il y a beaucoup d'inconnues, et comment peut-on faire mieux ? Vous pouvez créer tout ce que vous désirez. Pourtant, si vous avez subi une forme quelconque d'abus, cette qualité "inconnue" pourrait déclencher la peur et détruire la création.

UNE VIVACITÉ RADICALE ET ORGASMIQUE

Avez-vous déjà remarqué combien de temps les enfants restent attachés à quelque chose ? Ils passent d'une chose à l'autre, corps et esprit confondus, pleinement présents dans l'instant. Ils choisissent le moment suivant en fonction de ce qui est amusant et excitant.

Dans mon travail, j'appelle cela l'autonomie radicale et orgasmique, où tout l'être est présent dans tout ce qu'il fait. Vous ne vous préoccupez pas de l'avenir, de payer vos factures ou de votre apparence ; il y a un grand sens du plaisir et du jeu dans le simple fait d'être présent.

Dans les situations d'abus, vous ne voulez pas être là du tout.

L'orgasme n'est pas seulement une question de sexe... il s'agit d'un plaisir sensuel et incarné. Et si tu veux sentir une rose, ou t'acheter des roses pour avoir une belle couleur dans ta maison ? Et si vous voulez mettre des fraises sur vos céréales et que leur goût est orgasmique et délicieux ? C'est amusant et orgasmique ! Les enfants n'ont pas d'idées préconçues ; ils n'ont pas développé les notions que nous avons apprises en tant qu'adultes et qui nous restreignent et nous empêchent d'incarner le plaisir à part entière.

Et si vous ne voulez pas être dans votre corps, comment pensez-vous que cela affecte, par exemple, une relation sexuelle et sensuelle ? Il est difficile d'avoir une relation sexuelle désirable et orgasmique quand on a l'habitude d'abandonner son corps pour ne pas ressentir ce que l'on ne voulait pas au départ.

Que pouvez-vous donc faire pour vous mettre pleinement dans votre corps... et pleinement dans le jeu ?

DEUX PAS DANS LE JEU

Lorsque vous étiez enfant, vous a-t-on déjà dit de vous demander : "Est-ce que je m'amuse en ce moment ?". Pour la plupart des adultes, le fait de choisir pour le plaisir est un concept étranger, qui n'a rien d'un choix. Si vous n'avez jamais été dans votre corps, vous ne vous êtes probablement jamais donné le choix de demander et d'exiger quelque chose pour vous-même. Sauriez-vous même quelle question poser ? La première étape consiste simplement à prendre conscience que quelque chose ne fonctionne pas pour vous et à vous donner la possibilité de dire : "Je ne sais pas vraiment ce qui se passe ici, mais quelque chose ne me convient pas et je choisis de faire un changement, même si je ne sais pas quoi demander." Cette simple

Cette prise de conscience vous rendra présent à vous-même.

L'étape suivante consiste à poser des questions qui font appel à l'énergie du jeu, telles que : "Corps, est-ce amusant pour moi ?

- Corps, est-ce amusant pour moi ?
- Est-ce que je m'amuse en ce moment ?
- Suis-je en train d'apprendre quelque chose ?
- Est-ce que cela élargit ma réalité ?
- Suis-je reconnaissant ?
- Est-ce que j'apprécie ce que je suis en ce moment ?
- Cette personne me reçoit-elle ?
- *Suis-je capable de recevoir ?*
- *Mon corps se sent-il bien ?*
- *Qu'est-ce qui est possible ici ?*
- *Puis-je faire ce que je veux ?*
- *Est-ce que je vis une réalité amusante et ludique ?*
- *Que pourrais-je choisir de plus ludique ?*

L'énergie du jeu ne consiste pas à faire ce qui était amusant quand on était enfant - c'est l'esprit d'amusement et le terrain de jeu des possibilités que vous aviez à l'époque qui sont présents aujourd'hui. Il s'agit de savoir ce que l'on peut faire pour créer de nouvelles possibilités et échapper aux contraintes quotidiennes.

Par exemple, je pourrais rester assis devant mon ordinateur toute la journée, envoyer des courriers et répondre aux gens, mais ce n'est pas vraiment amusant pour moi. Ce qui est plus amusant, c'est de faire du travail énergétique, de participer à l'émission de radio Voice of America, d'écrire ces chapitres et de parler avec les gens, de créer des possibilités. Mais il y a eu une longue période dans ma propre vie où le jeu n'était plus sûr, et j'étais plus rigide et plus à l'aise avec la forme et la structure. Si quelque chose bouleversait cela, je paniquais. Aujourd'hui, je n'ai pratiquement plus de structure. Je me contente de suivre l'énergie de "ce qui est" et de ce qui m'est demandé chaque jour.

C'est ce que nous faisons quand nous sommes enfants. Nous suivons l'énergie de ce qui est possible aujourd'hui. En cas de maltraitance, la liberté innocente et le terrain de jeu des possibilités sont enfermés, limités et restreints. Heureusement, il existe un moyen de revenir en arrière.

LA LUMIÈRE, C'EST BIEN

Ce qui est amusant pour les gens est ce qui est léger pour eux ; c'est quelque chose que vous pouvez ressentir dans votre corps. La légèreté est comme la vérité - parce que la chose la plus expansive et la plus joyeuse que vous aimez faire allège tout le monde. Vous êtes plus amusant pour nous tous.

L'énergie du jeu consiste à découvrir quelle est votre réalité amusante - sur le plan émotionnel, financier, relationnel, sexuel et autre - en demandant : "Corps, qu'aimerais-tu faire aujourd'hui ? Avec qui aimerais-tu être ? Avec qui aimerais-tu coucher ? Que voudrais-tu manger ? Qu'aimeriez-vous créer ? Quelle partie de votre activité requiert votre attention aujourd'hui ?"

Si mon corps me dit : "Allons à la salle de sport" et que je n'y vais pas, il est très mécontent. Aller à la salle de sport peut être une forme de jeu, qui fait bouger l'esprit et l'énergie. S'il me dit : "Mange ceci" et que je mange autre chose, je passe outre. L'idée est d'écouter votre corps, les murmures qu'il vous adresse sur ce dont il a besoin chaque jour - et sur ce dont vous avez besoin chaque jour - et d'aller de l'avant.

Vous pouvez intégrer cette énergie de jeu dans toutes vos décisions concernant ce qui est bon pour vous. Comment ? Qu'est-ce qui est amusant pour vous ? Faites-le !

Ce qui est amusant pour toi, c'est le jeu !

C'est ce qui te permet de travailler toute la journée sans manger, puis de lever les yeux et de te dire : "Oh, wow, je n'ai pas mangé !". Tu t'amuses parce que tu es vraiment dans ce que tu fais. Vous vivez de l'énergie, tout comme les enfants, qui ont continuellement besoin de se rappeler : "Tu dois manger maintenant... tu dois aller te coucher maintenant." Ils sont dans l'instant présent, avec une liberté que vous devez leur faire quitter.

En général, les adultes doivent réapprendre ce qu'est un poids léger ou lourd pour que, lorsqu'ils ont le choix, ils le sachent dans leur corps. Lorsqu'il y a eu abus, votre énergie est infiltrée, votre espace est violé et votre conscience est anesthésiée. Avec tout cela, comment pouvez-vous savoir ce qui est bon pour vous ? Vous ne savez que ce qui est souffrant et mauvais pour vous. La maltraitance prend toute votre vision de la vie et la déforme pour la rendre plus dangereuse et moins amusante.

En prenant conscience de ce qui est bon et léger pour vous, vous pouvez créer ce qui est amusant pour vous. C'est comme redéfinir vos molécules en fonction de ce qu'elles connaissaient avant d'être maltraitées. Si vous vous sentez léger, expansif et pétillant, allez-y. Si c'est lourd et dense, posez plus de questions et ne le choisissez pas tant qu'il n'y a pas de légèreté. Malheureusement, trop d'entre nous choisissent la lourdeur et la densité, et non la lumière, et c'est ainsi que nous nous retrouvons dans des cabinets de psychiatrie à attendre des médicaments.

N'oubliez pas...

Ce qui est léger est juste.

Ce qui est amusant, c'est d'être exigeant envers soi-même, comme les enfants qui se contentent de dire : "Hé, faisons ceci !" et "Hé, faisons cela !". Bien sûr, en tant qu'adultes, nous sommes un peu plus pragmatiques, mais si vous incarnez l'énergie du jeu dont je parle ici, vous ferez appel à votre imagination générative et créative. C'est l'innocence de l'enfant qui est en chacun de nous, qui vit dans notre corps quel que soit notre âge.

Et c'est aussi simple que de choisir d'être pleinement présent en faisant ce qui vous convient - en ce moment - de la manière la plus légère et la plus expansive qui soit.

DÉCALAGE D'UN DEGRÉ

Une stratégie efficace et légère pour construire une vie meilleure consiste à changer de degré dans sa vie. Un simple changement pratique d'un degré peut réellement vous permettre de transformer votre monde, et vous pouvez le faire tous les jours.

Tout le monde aspire à un changement de mille degrés, à un succès instantané, à une gratification immédiate. Cependant, j'ai découvert qu'en prenant un seul moment chaque jour pour effectuer un changement d'un degré, puis en répétant ce processus dans les moments suivants, vous commencez à établir une connexion esprit-corps-esprit dans votre mémoire cellulaire. Cette connexion vous permet de réaliser que vous pouvez effectuer ce simple changement, qui a le pouvoir de modifier la trajectoire de ma journée, à ce moment précis. C'est comme si un capitaine ajustait la barre de son navire d'un seul degré, ce qui entraînerait un changement significatif dans la vaste étendue de l'océan.

Permettez-moi de vous raconter une anecdote. Il y a de nombreuses années, j'étais dans une classe où je travaillais avec quelqu'un, en me concentrant sur les traumatismes et les abus. Sans entrer dans les détails, je peux vous dire que la personne que j'aidais était douloureusement bloquée. Pour changer d'un degré, elle devait sortir d'un état de paralysie dans une situation très traumatisante, même s'il ne s'agissait que d'un souvenir dans son esprit. Leurs réactions physiques étaient intenses - leur corps tremblait et ils étaient pris de nausées et d'une forte envie de vomir.

À ce moment-là, j'ai réfléchi à l'action la plus simple que je pouvais offrir à cette personne. Elle avait déjà fermé les yeux pendant que je la guidais pour qu'elle devienne son propre médecin intérieur. C'est difficile à expliquer, mais à un moment donné, j'ai dit : "Si je vous tendais la main, la prendriez-vous ?". Ils ont répondu par un "non".

J'ai reposé la question, en simplifiant encore la tâche : "Si je tends mon doigt vers vous, allez-vous tendre votre doigt vers moi ?" Ils ont répondu : "Oui". Ils ont donc littéralement tendu leur doigt, et je me suis approché tout doucement pour les toucher avec le mien.

Ce que j'ignorais à ce moment-là, c'est que c'était la première fois qu'ils permettaient à une autre personne de les toucher, alors qu'ils avaient été touchés de bien des manières qu'ils n'avaient pas demandées. Mais ce changement d'un degré à ce moment précis a donné à cette personne suffisamment de calme et de régulation dans son corps pour qu'elle puisse physiquement faire un pas. Le fait qu'elle ait dit oui et que j'aie découvert que c'était la première fois qu'elle se laissait toucher par une autre personne depuis les agressions auxquelles elle avait survécu, c'était incroyable. Et ce seul contact a changé la trajectoire de tout leur être en un seul instant, sous les yeux d'un groupe de personnes.

Ce geste, qui est aujourd'hui reconnu comme un changement d'un degré, pourrait être monumental pour vous aussi, même s'il semble s'agir d'un ajustement mineur. Ce concept est devenu par la suite la pierre angulaire de la méthode ROAR.

Qu'est-ce qu'un changement d'un degré dans la vie de tous les jours ? C'est quelque chose que vous faites dans l'instant et qui change la trajectoire de ce que vous étiez en train de faire, mais pour le bien, pour le meilleur, pour la congruence énergétique avec ce que vous savez être important dans votre vie. Il s'agit simplement d'un choix suivi d'une action et d'en être reconnaissant.

La mentalité du décalage d'un degré vous donne la liberté de changer d'avis et de vous accorder à ce qui est le plus vrai pour vous à chaque instant. C'est le jeu. L'intérêt est double : 1) vous accédez à une plus grande liberté et 2) vous découvrez une plus grande intimité avec vous-même. Si vous choisissez quelque chose qui ne vous convient pas, vous choisissez à nouveau. Chaque choix vous permet de prendre conscience de ce qui fonctionne pour vous, en gardant à l'esprit que ce qui a fonctionné pour vous hier ne fonctionnera peut-être pas pour vous la semaine prochaine, ou que ce qui a fonctionné pour vous il y a une heure ne fonctionnera peut-être pas pour vous aujourd'hui.

Si vous n'avez jamais vécu dans des décalages d'un degré, vous pouvez imaginer que vous faites régulièrement des allers-retours entre la liberté et l'étroitesse. Mais il suffit d'un seul degré de décalage pour que le changement s'opère. Comme un muscle, on le développe.

Quand je suis heureux, tout fonctionne. Lorsque je suis dans mon énergie ludique, je me concentre uniquement sur l'expansion et les possibilités. Je suis juste ici pour apprécier chaque instant sur cette planète comme une nouvelle possibilité de génération et de création pour une toute nouvelle réalité - une réalité qui engendre la joie, le plaisir, la possibilité, le jeu et le bonheur. C'est une réalité bien différente de celle de quelqu'un qui a été maltraité et qui pense : "Tout est si difficile et, peu importe ce que je fais ou ce que j'essaie, rien ne change jamais pour moi."

LE JEU EST PRAGMATIQUE

...trouvez ce qui vous intéresse le plus. Plus vous apprenez, plus vous avez envie d'apprendre. C'est amusant.

Warren Buffett

L'énergie du jeu n'est pas seulement amusante, elle est aussi pragmatique. Cela a certainement fonctionné pour Warren Buffett qui, dans Tap Dancing to Work de Carol Loomis, est décrit comme étant motivé par le fait de s'amuser et non de gagner de l'argent. J'ai vu de nombreux clients quitter leur emploi pour faire quelque chose qu'ils aimaient vraiment et qui leur permettait de gagner trois ou quatre fois plus d'argent qu'auparavant.

Lorsque votre corps vous dit ce qu'il veut et que vous le faites, votre vie devient plus facile et plus agréable. En écoutant ce qui vous convient et en le mettant en avant, vous conspirez avec l'univers pour rendre votre vie plus facile - tout cela parce que vous faites ce qui est amusant pour vous.

À l'inverse, si quelque chose ne fonctionne pas pour vous, vous l'éliminez de votre réalité. Cela ne signifie pas que vous ne payez pas vos factures, mais que vous trouvez une autre façon, plus amusante et plus joyeuse, de vous occuper de vos affaires.

Par exemple, mes factures font l'objet d'un plan de paiement automatique avec ma banque parce que ce n'est pas amusant pour moi de passer du temps à m'en occuper chaque mois. Savoir que c'est réglé tous les jours, tous les mois - c'est amusant pour moi et lorsque j'ai créé un compte au-delà des paiements, je le règle. J'aime ne jamais avoir à me soucier d'être en retard pour quoi que ce soit ; ce n'est pas là que je veux mettre mon attention. Je préfère la mettre sur la création d'une nouvelle possibilité et, si c'est quelque chose qui dépasse ce que j'ai actuellement, je sais que j'ai le libre choix d'aller créer l'argent supplémentaire pour cela.

Le pont vers l'autonomie radicale

En tant que catalyseur du mouvement Live Your ROAR, l'objectif est d'éradiquer toutes les formes de maltraitance sur cette planète par le biais de deux méthodes principales : identifier la cage invisible de la maltraitance et orienter les gens vers le "pont" qui les mènera à l'autonomie radicale.

Rappelez-vous, l'autonomie radicale se compose de quatre éléments, ou "4 C" : Choisir pour vous, s'engager pour vous, collaborer et savoir que l'univers conspire à vous bénir, et créer la vie que vous désirez. L'autonomie radicale, c'est amusant !

Vous traversez ce pont lorsque vous entrez dans l'esprit du jeu et que vous choisissez ce qui est amusant pour vous. L'objectif principal de l'énergie du jeu est de vous faire passer en premier.

Si vous n'avez pas l'habitude de le faire, l'idée de choisir pour vous sera une perspective radicalement nouvelle. Il est certain que les personnes qui ont été maltraitées sont les plus décon-certées par cette notion parce qu'elles font passer tous les autres en premier - elles n'existent pas.

Jouez des actes pour retrouver votre liberté d'expression.

Au-delà des intentions et des objectifs, apprendre à choisir pour vous à partir de l'énergie du jeu vous ouvrira à des possi-bilités à chaque instant et vous ramènera en communion avec toute vie à un tout nouveau niveau de facilité, de joie et de gloire.

Dans le prochain chapitre, je vous présenterai l'énergie de l'esprit et de la connaissance - une partie intrinsèque et inconsciente de tous les enfants qui, qu'ils soient maltraités ou non, a tendance à être abandonnée sur le chemin de l'âge adulte.

Car, comme vous le verrez, plus vous ferez ami-ami avec cette énergie innée et l'utiliserez, plus il sera facile d'entrer dans l'esprit du jeu.

CHAPITRE 8

J'ai fini par tomber amoureux de la lune parce qu'elle se montrait fidèlement nuit après nuit.

se montrait nuit après nuit.

— INCONNU

Ma chambre était mon sanctuaire lorsque j'étais enfant et que je grandissais dans un foyer extrêmement violent et abusif. C'était le seul endroit où je pouvais m'éloigner de toute la folie qui régnait dans ma maison. Il y avait une petite fenêtre près de mon lit et, chaque soir, lorsque la lune apparaissait, je me mettais à genoux et la fixais pendant des heures, me délectant du beau visage qui me regardait, sentant son énergie souriante, me faisant savoir que tout allait bien.

Une nuit, après l'un de mes longs dialogues avec la lune, je me souviens m'être retournée et avoir vu que ma chambre entière s'était transformée en toutes les couleurs de l'arc-en-ciel, avec des fées et des anges, *ce que j'appelle aujourd'hui des dieux et des déesses, des entités et des divinités, dansant autour de moi dans une fête sauvage - la lumière rose de la compassion, la lumière bleue de la créativité - tout cela pour que je puisse en faire l'expérience.*

J'ai commencé à passer du temps dans ce monde spécial d'énergies magiques

et j'ai reçu toutes sortes de téléchargements sur ce dont je devais être consciente, sur les dons que je possédais et sur le fait que j'étais spéciale et différente dans cette vie. Ces créatures d'un autre monde sont deve-nues mes amies et mes compagnes de jeu, et certains soirs, j'avais hâte d'aller dans ma chambre. J'avais toujours su qu'il existait quelque chose d'autre et je n'avais donc pas peur de ce royaume, qui avait plus de sens pour moi que ma réalité actuelle, même s'il défie le temps et l'es-pace ordinaires.

J'ai réalisé que quelque chose d'autre était possible et qu'au-cune folie ne pouvait m'affecter lorsque j'étais dans cette énergie. C'est alors que j'ai su que le travail de ma vie était de faire le lien entre le monde spirituel et le monde physique et de puiser dans l'énergie ATP de la création. L'ATP (adénosine triphosphate), ou l'énergie de l'esprit comme je l'appelle, nous fournit l'énergie de toute chose et se trouve dans chaque cellule de notre corps... y compris celle de l'univers et de la terre sur laquelle nous vivons.

L'énergie de l'esprit et de la connaissance

Quelle est cette énergie à laquelle nous pouvons tous faire appel et avec laquelle nous pouvons communier ? Quel est cet esprit qui se déplace à travers toutes les choses... qui crée toutes les choses ?

Aujourd'hui, quand je pense à l'esprit, je ne pense pas aux fées, aux anges ou aux entités. Je pense plutôt à ce que dirait Amma (une guérisseuse spirituelle que j'ai côtoyée pendant 15 ans dans le cadre d'une communauté spirituelle) : l'énergie enfantine qui se trouve au plus profond de nous est Dieu.

Pour moi, l'énergie de l'esprit est comme la molécule ATP (adénosine triphosphate), qui alimente chaque cellule de notre corps et qui est littéralement appelée la monnaie énergétique de la vie. C'est l'énergie de l'esprit qui se trouve dans notre corps et que nous sommes tous.

À une époque de ma vie, j'étais vraiment malheureuse, je buvais beaucoup, j'étais déprimée et lourde, et rien ne marchait. Je me sentais très mal et très seul à l'intérieur, comme si tout se passait autour de moi et que je n'étais connecté à rien.

Un soir, j'étais en train de boire et j'ai décidé d'arrêter et d'en finir. Ce n'était pas prémédité, mais lorsque j'ai vu un bus s'approcher, je suis descendue du trottoir pour me placer juste devant, et j'ai senti quelque chose m'attraper par les épaules et me tirer en arrière. J'étais en état de choc. J'ai regardé autour de moi et il n'y avait rien ni personne, et c'est là que j'ai su que quelqu'un ou quelque chose me protégeait. C'était la sonnette d'alarme dont j'avais tant besoin pour me rappeler qu'il y a quelque chose au-delà de cette réalité, qui est lié à moi, et que je devais en savoir plus. Et il y a eu tant de fois où je me suis sentie soutenue dans mon voyage et guidée là où je suis aujourd'hui.

Après être devenue psychothérapeute et avoir créé mon entreprise, j'ai été atteinte d'une maladie mortelle et, pour me guérir, j'ai commencé à utiliser la Theta Healing®. Cela a complètement changé ma pratique. La thérapie thêta est une technique de guérison holistique qui combine la guérison spirituelle, physique et émotionnelle. Elle repose sur le principe qu'il est possible d'accéder à un état profond de relaxation et de conscience, connu sous le nom d'état d'ondes cérébrales thêta, pour se connecter à l'énergie créatrice de l'univers et faciliter la guérison. Cette technique a été mise au point par Vianna Stibal, naturopathe et lectrice intuitive.

Avec cette technique, vous devez vraiment travailler sur votre connaissance de l'esprit. Chaque jour, je m'asseyais dans mon bureau avec des clients et, comme le dit Sheryl Sandberg, directrice de l'exploitation de Facebook et auteur du best-seller Lean In, je me "penchais" pour écouter l'énergie de l'esprit, l'énergie de la connaissance.

J'obtenais alors des informations que je ne connaissais pas consciemment, et mes clients me regardaient souvent un peu choqués. Ils me demandaient : "Comment savez-vous cela ? Comment avez-vous pu savoir cela ? Où avez-vous obtenu cette information ? Je ne vous l'ai pas dit." Je devais faire preuve de délicatesse pour ne pas les submerger avec ce que j'étais capable de capter grâce à l'énergie de l'esprit.

À l'époque, j'utilisais des outils tels que le test musculaire et, plus tard, dans Access Consciousness®, "le léger et le lourd" pour aider mes clients à ressentir leur propre connaissance à travers leur corps et pour leur permettre de savoir ce qu'ils savent. Il m'est apparu très clairement que j'étais un canal, un roseau creux (tout passe par moi et est pour vous sans jugement ni point de vue), pour les personnes qui venaient dans mon cabinet en raison de la connexion à ces autres royaumes, réalités et énergies.

Et même avant Theta Healing®, j'avais toujours eu le sentiment qu'il y avait une autre partie de moi qui se connectait avec les gens, qui était unique et inhabituelle. Je le savais et mes clients le savaient. Ils me disaient par exemple : "Vous êtes un conseiller différent de ceux que j'ai eus auparavant. Vous agissez différemment. Je n'ai jamais ressenti cela auparavant."

Je crois que j'ai cette capacité parce que je suis consciente de l'énergie du "visage dans la lune", de l'énergie qui se déplace dans toutes les choses, y compris nos systèmes de croyances, et du fait que les organes de notre corps stockent ces croyances qui, à leur tour, forment notre corps et toutes nos réalités. Je crois également que ces réalités peuvent être changées, transformées et guéries en collaborant avec la conscience de quelque chose qui se trouve au-delà de cette réalité.

Être conscient de cette manière, c'est collaborer avec la terre et avec les molécules inhérentes à la terre, qui ne sont pas différentes des molécules de notre corps qui contiennent l'ATP, la centrale électrique de notre corps.

En raison de cette expérience précoce avec l'esprit de l'énergie et de la connaissance, et des informations que j'ai reçues, j'ai toujours eu le sentiment que mon travail dans le monde consistait à jeter un pont entre ces deux mondes - l'esprit et le physique. Ce n'est probablement pas un hasard si je suis Sagittaire, représenté par l'Archer et dépeint à la fois comme un archer humain tirant vers le ciel et comme un cheval ancré dans la terre. Je suis le pont entre notre réalité actuelle et ce qui est possible dans d'autres domaines.

Avec tous les clients avec lesquels je travaille, y compris moi-même, je cherche les parties de nous qui se sont fragmentées, bloquant notre capacité à accéder à notre propre savoir et à notre énergie spirituelle. Cela peut signifier remonter à un très jeune âge et remonter jusqu'à l'endroit où ils sont encore coincés dans une scène, quel que soit l'âge auquel cette scène s'est déroulée. Je les aide à regarder directement dans les yeux de leur enfant intérieur pour obtenir des informations sur ce qui les maintient bloqués et coupés d'eux-mêmes, et à explorer l'émotion qui s'y trouve - la peur, la rage, la honte - puis à la reconnaître avec l'adulte qu'ils sont.

Tout cela se fait les yeux dans les yeux.

Une fois qu'ils ont dit tout ce qui devait être dit à ce moment-là, je leur demande toujours, en tant qu'adulte, de tendre la main à l'enfant. Parfois, l'enfant la prend, parfois non, mais nous finissons par faire en sorte que l'enfant la prenne, soit au cours de cette séance, soit au cours d'une autre. En général, l'enfant demande : "Est-ce que je peux te faire confiance ?". Essentiellement, il doit "rencontrer" l'adulte. Pour moi, c'est comme rencontrer notre propre énergie spirituelle ou notre allié intérieur. C'est une véritable communion d'esprit.

Lorsqu'ils reviennent de cette scène, il y a généralement un escalator arc-en-ciel qui ramène l'enfant et l'adulte au bureau où nous nous trouvons, ou au groupe, et nous intégrons cet enfant dans le moment présent. Il ne manque jamais que l'adulte dise que cette expérience l'a fondamentalement changé. Il n'est plus déclenché par des choses qui le dérangeaient auparavant, comme en témoigne cet extrait d'un témoignage que j'ai reçu de l'un de mes clients :

J'ai essayé tellement de choses pour changer tous les aspects de ma vie, mais cela n'a pas fonctionné. J'ai été incroyablement frustrée et souvent sur le point d'abandonner, prenant cours après cours, utilisant des outils qui m'ont été donnés, sachant qu'ils devraient fonctionner de manière aussi dynamique qu'ils semblent fonctionner avec d'autres personnes, mais ne sachant pas pourquoi ils n'ont pas fonctionné pour moi. J'ai travaillé avec de très nombreux facilitateurs, dont certains ont réussi à m'aider à me pencher sur le traumatisme et l'abus, pour ensuite être laissée en suspens une fois que la porte de l'abus était ouverte, parce que le facilitateur ne savait pas vraiment ce qu'il fallait faire une fois cette porte ouverte. Cela a été terrible pour moi et il m'a fallu beaucoup de temps pour accepter de réessayer...

En quittant le cours pour rentrer chez moi, j'ai remarqué qu'au lieu de la respiration superficielle avec laquelle j'avais vécu toute ma vie, ma respiration allait jusqu'à l'intérieur de mon corps, comme si je vivais enfin dans mon corps pour la première fois. Mon corps est totalement différent. Mon être se sent plus connecté à mon corps et tout est plus doux. Je vous suis tellement reconnaissante de m'avoir offert cet espace, d'avoir mis à profit toutes vos formidables compétences pour m'aider à me reconnecter avec moi-même. Je sais que les choses ne seront plus jamais les mêmes et je sais maintenant que le cadeau que je suis est disponible à chaque instant.

C'est l'énergie de l'esprit, et c'est ce que je fais. J'appelle ces enfants perdus - les esprits fragmentés de ces êtres étonnants - et je les connecte à "l'innocence enfantine au plus profond de nous qui est Dieu", en les amenant vers l'avant, en permettant à cet être humain d'avoir le plein choix, le plein pouvoir et la pleine capacité à chaque instant de collaborer avec tout.

Sans cette énergie de l'esprit et de la connaissance, vous avez l'impression d'avoir un manuel dont toutes les parties sont manquantes. Vous ne pouvez pas percevoir l'intégralité de l'esprit à cause de la séparation qui a eu lieu.

Dans ce travail, avant de pouvoir atteindre l'enfant, je dois éliminer les jugements, les croyances et les incarnations que la personne en face de moi - l'adulte - pense être la sienne.

Lorsque le corps est vide de croyances et de jugements qui ne sont pas les siens en premier lieu, tels que ceux des parents, des grands-parents, des systèmes de croyances culturelles, des vœux et/ou des obligations, c'est alors que je trouve souvent des enfants coincés dans des scènes où ils ne savaient pas quoi faire. Un mécanisme de compensation psychologique se met en place lorsqu'une partie de nous part et qu'une autre reste coincée dans la scène à l'âge de quatre ans. Cette partie ne meurt pas ou ne quitte pas la scène, elle reste coincée dans la cuisine, la chambre ou tout autre endroit où la scène s'est déroulée.

Il y a toutes sortes de scènes où cela peut se produire. Il peut s'agir simplement d'une mère et d'un père qui se crient dessus et dont l'un menace de partir. Mais ce que l'enfant entend, c'est "Oh mon Dieu, toute ma sécurité est menacée". Il ne peut pas y faire face ou en parler, alors il se sépare et se cache dans le placard de sa chambre.

Quarante ans plus tard, ils sont en thérapie et cette scène est au cœur du problème.

Heureusement, ils n'ont pas à rester bloqués, ce qui fait partie de mon travail. Je vais récupérer cette partie avec eux après avoir libéré et reconnu ce qui a créé la séparation, ainsi que tout ce qu'ils ont assumé à partir de cette séparation et qui n'est pas vrai. C'est là le problème - ils ne créent pas leur vie à partir de la totalité de ce qu'ils sont vraiment. Ils la créent à partir d'une partie d'eux qui a été créée lors d'un traumatisme et d'un choc.

Lorsque nous ramenons cette autre partie, ils ressentent la même chose que mon client, à savoir que tout a changé et que rien ne sera plus jamais comme avant. Ils sont désormais connectés à leur propre esprit, à leur énergie et à leur être infini, ce qui est phénoménal et magique, et ils sont remplis de possibilités et de choix, quelle que soit la gravité de la situation. Ce n'est plus un univers sans choix.

Il y a une autre possibilité.

Comment se connecter à la plénitude de l'esprit ?

Se connecter à la plénitude

L'énergie de l'esprit est cette partie que nous appelons par de nombreux noms - Dieu ou l'univers, la connaissance infinie, peu importe - c'est ce que nous percevons comme quelque chose de distinct qui nous fait des cadeaux et travaille en collaboration avec nous. L'énergie de la connaissance est interne ; c'est notre capacité à recevoir l'intuition ; notre perception, notre connaissance et notre être.

Pour devenir plus conscient de ces énergies, il existe des pratiques ou des idées en dehors de la thérapie ou des cours - des mesures que vous pouvez prendre au niveau personnel pour vous connecter à votre intégrité innée :

Sortir dans la nature

L'une des choses qui m'ont retenu pendant que j'explorais mon chemin vers l'esprit était ma participation à des activités sportives. Lorsque je jouais au football, que je faisais de la randonnée, du vélo ou que je courais au sommet d'une montagne, je me sentais fort, agile et libre dans mon corps, sachant que je pouvais faire n'importe quoi. Mon agilité et ma capacité à communier avec mon corps et la terre ne connaissaient aucune limite. Après avoir été active, j'ai ressenti une paix qui respirait "Tout va bien".

Lorsque vous êtes dans cette énergie de l'espace, tout est possible et vous pouvez vous étendre dans l'univers et ne faire qu'un avec toutes les molécules. En fait, il s'agit d'avoir de la gratitude pour la terre en allant sur la terre d'une manière ou d'une autre.

Alors, allez-y... étreignez un arbre. Faites une promenade méditative pieds nus. Rapprochez votre corps et votre être de la terre et respirez.

MA GRAND-MÈRE BIEN-AIMÉE L'ART DE RECEVOIR

Ma grand-mère a ouvert l'espace dans mon monde pour recevoir l'énergie d'être moi plus complètement.

Lorsque j'étais un jeune enfant, la seule personne avec laquelle je me sentais bien était ma grand-mère. J'avais l'habitude d'accompagner ma grand-mère à l'église chaque jour où je restais avec elle, et elle récitait les prières sur le banc de l'église.

Un jour, elle a récité : "Un jour, mon âme et moi serons guéries." Le livre de prières ne disait pas "âme", mais elle l'a ajouté, et quand j'ai entendu le mot "âme", j'ai immédiatement levé les yeux vers elle et j'ai entendu un bourdonnement d'oreille du genre "Qu'est-ce que l'âme ?

Avec le recul, je me rends compte que toute ma vie a été une quête de l'âme et de l'esprit, qui a d'abord été ouverte par ces expériences d'introduction à la lune, il y a longtemps.

En écoutant les chants, les prières et les psaumes en boucle, en m'asseyant aux pieds de ma grand-mère et en traçant les veines de ses mains, je me suis sentie réconfortée par la répétition de ses mots. Grâce à sa "religion", je me suis ouverte à ma conscience, à ma perception, à ma connaissance, ce qui m'a permis de m'offrir le luxe d'être. Nous avons tous besoin d'au moins une personne, en plus de nous-mêmes, qui, d'une manière ou d'une autre, nous reflète la brillance que nous sommes. Ces moments infusent notre connaissance au-delà de cette réalité. À partir de là, nous choisissons intrinsèquement la communion.

Poser des questions

Si vous vous souvenez, au chapitre 2, j'ai parlé de l'importance de poser des questions comme moyen de collaborer avec l'Univers. Poser des questions et être dans la question est une partie inhérente de la connexion avec votre savoir. Cela peut être aussi simple que de demander la prochaine étape de votre vie ou ce que vous voulez vraiment.

Pour me connecter à l'énergie de l'esprit et à la connaissance, j'ai découvert une méthode qui fonctionne dans ma propre vie : je me concentre sur mon objectif en posant une série de questions et de phrases. En fait, j'en fais une chanson chaque matin, en commençant par "Qui suis-je aujourd'hui ?

- *Qui suis-je aujourd'hui ?*
- *Univers, montre-moi quelque chose de beau aujourd'hui.*
- *Quelle énergie, quel espace et quelle conscience puis-je créer aujourd'hui ?*
- *Quelle contribution de l'esprit/de la connaissance puis-je être et recevoir aujourd'hui ?*
- *Qui aimerais-je être ?*
- *J'ajoute aussi quelque chose d'amusant comme : "Que puis-je faire ou être aujourd'hui qui créera plus de jeu, de plaisir et de joie tout de suite ?"*

- ***Parfois, je pose à mon entreprise des questions telles que :***
- ***Que faudrait-il pour que j'invite la contribution dans ma vie ?***
- ***Qu'est-ce que mon entreprise attend de moi ?***
- ***Qu'est-ce que j'aimerais faire aujourd'hui ?***
- ***À qui dois-je parler aujourd'hui ?***

Pour ma santé, je pourrais demander :

- Comment mon corps aimerait-il bouger aujourd'hui ?
- Comment mon corps aimerait-il manger aujourd'hui pour se remplir d'énergie et de légèreté ?

Il n'y a pas de mal à lâcher prise

Parfois, il faut laisser tomber quelque chose qui ne fonctionne pas et dire : "D'accord, je m'abandonne à ce qui me dépasse". D'une certaine manière, tout le processus de création est un grand lâcher-prise - un lâcher-prise de l'attachement à quelque chose que vous désirez. Les attentes, les décisions, les jugements, les conclusions et les projections peuvent faire abstraction de votre capacité à savoir, à percevoir et à recevoir.

Ce que je sais être vrai, c'est que nous vivons dans un univers qui conspire à nous bénir. Quels que soient les abus que j'ai subis ou les moments où je ne voulais pas vivre, l'énergie de ma connaissance m'a permis de continuer à avancer et à naviguer dans ces eaux tortueuses pour sortir de l'autre côté et être en mesure d'offrir quelque chose de précieux pour aider tant d'autres personnes.

De nombreuses personnes sont perdues dans cette réalité et recherchent la thérapie, la méditation ou les communautés spirituelles pour se connecter à toute l'énergie que j'ai vue si clairement à l'âge de sept ans. J'ai fait ces choses aussi, dans un effort de guérison et de connexion plus profonde.

Voici donc ce que je me demande...

C'est une question, un appel à l'action, si vous voulez.

Si vous pouvez élargir votre énergie pour inclure le travail avec l'esprit de la terre, l'univers et votre propre connaissance pour collaborer avec eux tous, que pouvons-nous créer d'autre ensemble pour être l'énergie de l'esprit à tout moment, en tout lieu, dans toute situation, que nous nous sentions complètement soutenus ou non ?

Et que faudrait-il pour que l'énergie de l'esprit, au plus profond de vous, se manifeste et devienne le catalyseur de l'énergie de l'esprit ?

se manifeste et soit le catalyseur de votre vie pour aujourd'hui et pour l'éternité ?

Après tout, le monde vous attend.

Dans le chapitre suivant, je partagerai quelques étapes, ainsi que des conseils simples mais puissants, que vous pouvez mettre en pratique dès aujourd'hui pour faire l'expérience du vrai bonheur dans votre propre vie. J'ai partagé ces étapes avec des milliers de mes clients.

Croyez-moi, elles fonctionnent.

CHAPITRE 9

On peut fuir, fuir, fuir beaucoup de choses dans la vie, mais on ne peut pas se fuir soi-même. Et la clé du bonheur est de comprendre et d'accepter qui vous êtes.

— DALE ARCHER

J'ai franchi de nombreuses étapes après ce jour fatidique de l'université où mon professeur m'a tendu la main. Ce n'est pas comme si le bonheur était venu à moi du jour au lendemain. Comme je l'ai dit, j'ai dû surmonter deux décennies d'abus pour pouvoir dire honnêtement que je suis vraiment heureuse. Je me sens joyeuse, légère et libre.

Et vous pouvez l'être aussi.

Que vous ayez ou non été victime d'abus, il y a de fortes chances, si vous lisez ce livre, qu'il y ait quelque chose dans votre vie qui ressemble à un piège, à une cage, à une façon dont vous vous sentez exclu de la possibilité d'être heureux. La bonne nouvelle, c'est que la clé de cette cage se trouve en toi, et je peux t'aider à la trouver et à l'utiliser.

ÉTAPE 1 : RECONNAÎTRE VOTRE MALHEUR

Le bonheur, c'est vous voir en entier.

Ignorer le malheur ne le fait pas disparaître. En fait, l'ignorer, c'est s'assurer qu'il restera dans les parages bien plus long-temps que vous ne le souhaitez. C'est comme un invité gênant à une fête : ignorez-le et il créera du chahut !

Vous niez peut-être que vous êtes malheureux parce que vous êtes gêné, voire honteux, d'admettre aux autres à quel point vous êtes malheureux. Vous n'êtes pas le seul dans ce cas. J'étais horrifié à l'idée d'admettre mon malheur aux autres.

Pourtant, lorsque vous niez votre malheur, vous vous dites que vous n'avez pas d'importance. Il s'agit en fait d'une forme de négligence et de maltraitance. Imaginez que cette partie de vous qui se sent si malheureuse soit laissée seule dans un placard, dans l'obscurité. Feriez-vous cela à un petit enfant ? Alors ne vous faites pas cela à vous-même. Lorsque vous reconnaissez votre malheur, vous accordez de la valeur à votre expérience ; vous vous accordez de la valeur. Vous vous dites : "Hé, j'ai de l'importance". Cela ouvre un tout nouveau champ de possibilités pour ce que vous pouvez être ou faire à partir de maintenant.

Cela vous permet également de commencer à construire un pont entre votre esprit et votre corps. Plutôt que de laisser cette partie malheureuse de vous dans un placard, vous vous engagez entièrement et vous êtes disponible. Cela vous prépare à la réussite.

ÉTAPE 2 : CHOISIR LE BONHEUR

Le bonheur, c'est choisir juste pour le plaisir.

Au début de la vingtaine, je ne pensais pas que la vie allait s'améliorer. Je ne croyais pas que je serais un jour heureux. Je pensais que le bonheur n'était accessible qu'aux autres. Lorsque j'ai obtenu mon diplôme universitaire, je savais que je ne pourrais pas retourner dans la maison où j'avais grandi. Je savais que cela me tuerait, mais je n'étais pas sûre de ce que je voulais faire.

Inspirée par mon professeur d'université, j'ai décidé de déménager en Arizona et de travailler dans un centre d'accueil pour jeunes en difficulté. J'ai choisi de travailler dans un environnement où je savais que je pouvais faire la différence. Dans ce foyer, je travaillais avec les services de protection de l'enfance pour fournir un logement sûr, une éducation et des repas aux enfants qui avaient été retirés de foyers violents. J'ai également eu l'occasion de conseiller ces enfants. Je voulais que chaque enfant sache qu'il était en sécurité, qu'il était aimé et qu'on s'occupait de lui. Je voulais qu'ils puissent poser leur tête sur l'oreiller le soir sans soucis ni craintes.

Aider ces enfants me rendait heureuse.

En étant leur alliée, je suis devenue mon alliée. En me donnant l'amour et les soins que je n'avais jamais eus dans mon enfance, j'ai découvert que je pouvais faire des choix différents pour moi-même.

Toutes ces façons douloureuses de vivre et d'être en relation que j'avais auparavant se sont lentement estompées au fur et à mesure que je faisais des choix différents. Par exemple, au lieu d'essayer de m'échapper en buvant ou en sniffant, je pouvais choisir des activités qui me faisaient du bien. J'ai fait des choix en fonction de ce que je voulais être et faire, et non plus en fonction de ce que je faisais auparavant.

Je pourrais en fait choisir le bonheur.

Vous aussi, vous avez le choix. De la même manière, tu peux choisir le bonheur en introduisant dans ta vie quelque chose d'amusant, qui t'illumine et t'apporte du bonheur.

Qu'est-ce que c'est pour toi ? Un passe-temps ? Aller à la salle de sport ? Un cours de danse ? Du bénévolat ? Quelle est la chose qui vous vient à l'esprit et qui n'a aucun sens, mais dont vous savez qu'elle vous apporterait du bonheur ? Il peut s'agir de quelque chose que vous faisiez lorsque vous étiez enfant, ou de quelque chose que vous n'avez jamais fait auparavant ou que vous n'avez jamais imaginé faire. Quoi qu'il en soit, c'est peut-être la porte d'entrée de votre bonheur. Choisissez-le. Choisissez le bonheur.

ÉTAPE 3 : LIBÉREZ-VOUS DE VOTRE DÉPENDANCE AU MALHEUR

Le bonheur, c'est la facilité.

Malheureusement, beaucoup de gens sont dépendants de leur malheur.

Cela semble fou, n'est-ce pas ? Pourquoi quelqu'un choisirait-il le malheur ?

Eh bien, il s'avère que les motivations peuvent être nombreuses :

- C'est familier.
- C'est un moyen d'attirer l'attention.
- C'est un moyen de créer des liens (se plaindre de ce qui ne fonctionne pas dans la vie est l'un des moyens utilisés par notre société pour nouer des relations).

Lorsque les choses ne vont pas, les gens vous invitent à prendre un café, vous emmènent faire du shopping ou vous proposent une journée au spa.

Pourtant, quand tout va bien, certains se fâchent ou se demandent quelle drogue vous prenez. Elles ne sont pas appelées à vous soutenir ou à vous inviter à sortir. En fait, les autres ne savent souvent pas comment s'associer à la joie et à la réussite de quelqu'un.

Le malheur est devenu une habitude. Le pessimisme est omniprésent. Nos vies sont alimentées par la lutte contre ce qui ne fonctionne pas. Et si vous n'aviez pas besoin de lutter pour sortir du malheur ?

Les dépendances sont un malaise. Le bonheur, c'est la facilité.

Les personnes dépendantes de l'alcool luttent pour se libérer de leur habitude. En fin de compte, elles ont besoin d'être soutenues pour renoncer véritablement à leur emprise sur la bouteille.

De même, le malheur est une dépendance. Pour vous libérer de cette maladie, cessez de penser que vous pouvez tout faire tout seul. Acceptez de demander de l'aide.

ÉTAPE 4 : OBTENIR DU SOUTIEN ET PARTAGER VOTRE HISTOIRE

Le bonheur, c'est de vous recevoir comme un cadeau.

J'ai essayé de surmonter mon traumatisme et mon malheur par moi-même, mais cela ne m'a mené nulle part. Je me suis tourné vers l'alcool et les drogues pour m'endormir pendant un certain temps parce que je ne pouvais pas supporter la douleur que je ressentais.

J'ai finalement dû admettre que j'avais besoin de soutien, et j'ai donc lu tous les livres de développement personnel que j'ai pu trouver. Ils m'ont donné des idées sur la guérison et le bonheur, mais ils n'étaient pas suffisants.

C'est mon professeur à l'université qui m'a offert le soutien dont j'avais besoin en me fournissant un endroit sûr pour partager mon histoire. Jusqu'alors, tous mes secrets et mes inquiétudes étaient restés enfermés dans mon corps, négligés et abandonnés.

Comment pouvez-vous connaître le vrai bonheur si des parties de vous sont enfermées ?

Pour cesser de choisir le malheur et commencer à choisir le bonheur, vous devez plonger à la racine de votre malheur. Pour ce faire, vous devez examiner les événements, les situations et les relations de votre passé qui ont un impact sur votre présent.

La lourdeur de votre malheur est allégée lorsque vous avez les yeux et les oreilles d'un professionnel, qu'il s'agisse d'un thérapeute, d'un médecin ou d'un autre praticien. En partageant votre histoire de cette manière, vous commencez à vous libérer de la cage du malheur.

Ce faisant, vous passez de l'esclavage à la liberté, de la limitation à la possibilité. Vous ne pouvez pas créer un nouveau présent et un nouvel avenir tant que vous n'avez pas fait face au passé qui vous a conduit là où vous êtes. Vous devez partager votre histoire, en tirer des enseignements et découvrir comment vous pouvez en créer une nouvelle.

Une fois que vous aurez obtenu le soutien d'un conseiller de confiance, vous ressentirez un profond soulagement de ne plus avoir à vous battre seul.

ÉTAPE 5 : APPRENDRE À ÉCOUTER EN SOI

Le bonheur, c'est de se taire, d'écouter et de faire exactement ce que l'on entend.

Il peut sembler étrange que je vous encourage d'abord à obtenir du soutien et que je vous dise ensuite d'écouter vos propres conseils, mais les deux sont importants. Travailler avec un thérapeute vous aide à vous débarrasser d'une grande partie de votre "statique" intérieure afin que vous puissiez vous mettre à l'écoute de votre propre guidance intérieure. En fin de compte, c'est votre guidance intérieure qui est la clé de votre bonheur.

Beaucoup de gens font l'erreur de penser qu'ils seront heureux lorsqu'ils auront la BMW, le travail en entreprise, le mariage avec la "bonne personne", la clôture blanche et les 2,5 enfants.

Mais voici la vérité...

Créer une vie basée sur ce que vous pensez être censé avoir, ou sur ce que les autres ont, est la clé du malheur. Cela vous pousse à prendre des décisions de l'extérieur vers l'intérieur, plutôt que de l'intérieur vers l'extérieur.

Lorsque vous prenez le temps de vous mettre à l'écoute de votre voix intérieure et que vous laissez cette sagesse guider vos décisions, vous commencez à faire des choix différents. Vous commencez également à créer une nouvelle relation avec vous-même, basée sur la confiance et le respect. Cela contribue grandement à cultiver votre bonheur et celui des autres.

Il peut même être effrayant d'envisager de sortir de la boîte des attentes et d'entrer dans le monde du bonheur, car votre environnement vous a peut-être inculqué que tout autre comportement serait un "échec". Ils ont associé certaines choses à l'idée de réussite, et pour être à la hauteur de leur idée de réussite, vous brûlez l'huile de minuit pour finir par vous sentir vide. C'est à ce moment-là que vous devez à nouveau vous débarrasser de ces exigences extérieures et être vous-même une exigence, comme nous l'avons vu dans le troisième chapitre.

Il est probable que vous ayez passé la majeure partie de votre vie à écouter la voix des autres, il vous faudra donc un peu de temps pour vous mettre au diapason et écouter votre propre voix intérieure.

Voici un exercice que vous pouvez faire quotidiennement pour renforcer votre capacité à entendre votre voix intérieure :

Réglez une minuterie pour 5 minutes (au moins).

Posez-vous les questions suivantes :

Qu'est-ce que je veux ?

Quelle expérience est-ce que je recherche ?

Que vais-je faire pour la créer ?

Écoutez et notez les réponses à chacune d'entre elles. (N'essayez pas de "trouver" les réponses, mais laissez-vous aller à écrire au fil de votre conscience, sans réviser ni vous arrêter).

Lorsque vous écoutez votre guidance intérieure et que vous agissez en conséquence, vous vivez de l'intérieur. C'est votre ticket d'entrée pour le vrai bonheur.

ÉTAPE 6 : DÉSHERBER ET PLANTER DE NOUVELLES GRAINES

Le bonheur, c'est se permettre de planter son propre jardin.

Pour être franc, si vous voulez être heureux, vous devez être prêt à tout remettre en question dans votre vie. Vous devez être prêt à changer tout ce qui ne contribue pas à votre choix d'être heureux.

Être heureux est un "travail intérieur". Cependant, les personnes, les événements et les situations dont vous vous entourez contribuent ou nuisent à votre bonheur.

Dans quelle mesure êtes-vous prêt à reconnaître que ce que vous faites depuis "X" années n'est plus satisfaisant - et combien de fois évitez-vous de le changer ?

Vous ne pouvez pas être heureux sans arracher certaines des mauvaises herbes qui ont encombré votre vie :

Remerciez-le pour tout ce qu'il vous a donné.

Libérez-le avec amour et gratitude, sans conflit.

Maintenant que vous avez arraché les mauvaises herbes, vous pouvez planter de nouvelles graines. Vous pouvez vous demander : "Qu'est-ce qui va me rendre heureux ?"

Tout ce que vous avez fait pour ces étapes vous aidera à planter de nouvelles graines de bonheur. Et tout comme un jardinier s'occupe régulièrement de ses plantes, vous devez vous aussi cultiver régulièrement le jardin de votre vie en désherbant et en prenant soin des nouvelles graines que vous plantez.

ÉTAPE 7 : LIBÉREZ VOTRE GÉNÉROSITÉ

Le bonheur, c'est de sauter dans l'inconnu en sachant que le filet apparaîtra.

Maintenant, ça devient vraiment bien - même mieux que bien. Cela devient génial !

En franchissant les étapes 1 à 6, vous commencez à vous créer une vie au-delà de tous vos points de référence familiers. Il n'y a plus de limites à ce que vous pouvez être ou faire. Vous devenez le créateur de toutes les nouvelles possibilités.

C'est à ce moment-là que vous " libérez votre génialité " et que vous sautez dans plus de

bonheur que vous n'auriez jamais cru possible.

Et c'est là que les choses se compliquent...

Il se peut que vous commenciez à douter et à vous poser des questions : " Puis-je vraiment avoir tout cela ? " (vous vous souvenez de l'étape 3 et de la dépendance au malheur ?) Ou vous pouvez avoir peur de faire le saut.

"Y aura-t-il un filet ?

"Vais-je tomber à plat ?"

Lorsque cela se produit, c'est à vous de faire un nouveau choix.

"Est-ce que je choisis de croire que l'Univers est contre moi ou qu'il me soutient ?" Je crois en l'air même si je ne le vois pas. Il n'est pas tangible et je ne peux pas le tenir dans ma main, mais je ne peux pas m'en passer. De la même manière, vous faites le saut, sachant que l'Univers vous soutient et qu'un filet apparaîtra.

Vous serez alors catapulté dans la vie de vos rêves. Et les graines que vous avez plantées s'épanouiront en de nouvelles possibilités pour vous aussi.

Gardez à l'esprit que vous ne pouvez pas faire ce saut avant d'avoir reconnu que vous êtes malheureux, d'avoir choisi le bonheur, de vous être débarrassé de votre dépendance au malheur, d'avoir obtenu du soutien, d'avoir écouté, d'avoir désherbé et d'avoir planté de nouvelles graines.

Vous êtes maintenant prêt à vous libérer.

Tout comme le chemin de briques dorées, ces étapes constituent une recette solide pour le bonheur.

La vraie question est de savoir si vous allez choisir.

Le bonheur est votre droit divin de naissance.

CHAPITRE 10

> *"Notre peur la plus profonde n'est pas celle de ne pas être à la hauteur. Notre peur la plus profonde est que nous sommes puissants au-delà de toute mesure. C'est notre lumière, et non notre obscurité, qui nous effraie le plus. Nous nous demandons : "Qui suis-je pour être brillant, magnifique, talentueux, fabuleux ? En fait, qui êtes-vous pour ne pas l'être ?*
>
> *— MARIANNE WILLIAMSON*

Dans ce chapitre, permettez-moi de creuser un peu plus profondément dans des aspects différents mais vitaux de votre vie pour découvrir vos limites et vous aider à devenir la version radicalement vivante de vous-même. Vous voyez, nous traversons tous des problèmes dans la vie et pourtant, certains d'entre nous doivent souffrir davantage en termes de causes et de conséquences de leurs problèmes. Cependant, ce qui serait injuste pour chacun d'entre nous serait de rester coincé dans sa cage invisible. Nous *méritons tous d'être radicalement orgasmiques dans notre vie financière, personnelle et amoureuse.*

Les neuf derniers chapitres ont traité de la manière dont vous pouvez être radicalement vivant dans votre propre esprit, corps et âme. Dans ce chapitre, je vais parcourir avec vous un autre chemin qui vaut la peine d'être parcouru pour vous aider à devenir financièrement, romantiquement et socialement fidèle à vous-même.

Avant de poursuivre, j'aimerais vous poser une question : Avez-vous vécu avec des limitations et ne vous sentez-vous pas assez fort pour changer ?

Bien sûr, nous voulons tous dire non, mais lorsque nous nous installons dans quelque chose et que nous l'entendons vraiment, je pourrais dire oui. Il y a des façons dont je me retrouve encore dans des limitations et je ne me sens pas capable de changer, surtout si j'ai vu quelque chose persister pendant des décennies. Mais oui, il existe une solution à ce problème.

Heureusement pour vous, c'est là que j'interviens. Mon métier consiste à faire disparaître ces limitations, et ce n'est pas seulement mon objectif pour vous, mais aussi pour moi. J'ai mis au point la méthode Roar, que j'utilise tous les jours dans ma vie et avec mes clients.

La méthode ROAR a vu le jour sur une route secondaire du nord de la Californie, où je me suis arrêté au début de la vingtaine après une rupture amicale. Je me suis rendu compte que j'étais de mauvaise humeur et je l'ai d'abord attribué à la rupture, mais ce n'était pas seulement cela. Cela m'a amené à me poser une série de questions, qui sont devenues par la suite la méthode ROAR.

Cette méthode consiste à poser une série de questions, environ cinq ou six, qui vous aident à identifier le déclencheur actuel et à le relier au déclencheur original dans le passé. Vous travaillez ensuite sur le passé, vous arrachez la mauvaise herbe et vous ramenez la leçon, en formant de nouvelles habitudes et de nouvelles façons d'être.

Maintenant, lorsque vous êtes aux prises avec ces questions et que vous cherchez des solutions aux problèmes de votre vie, vous pouvez garder à l'esprit les connaissances que je vais maintenant partager avec vous. Commençons par vos contraintes financières et trouvons un moyen de devenir radicalement vivants.

VIVRE FINANCIÈREMENT

La première étape vers la liberté financière consiste à reconnaître que vous êtes peut-être dans la cage invisible de l'abus et que vous repoussez les opportunités financières. Mais qu'est-ce qu'un abus financier au juste ?

Il y a plusieurs façons d'aborder ce sujet. L'un des exemples les plus évidents est celui d'une relation, personnelle ou professionnelle, d'un mariage ou d'une entreprise, dans laquelle vous êtes co-partenaire mais ne pouvez accéder à l'argent qu'avec l'accord de l'autre personne. Cette situation peut constituer une forme d'abus financier.

Un autre scénario est celui d'un mariage ou d'un partenariat où une personne contrôle toutes les questions financières et où l'autre n'a pas son mot à dire. De même, vous pouvez être impliqué dans une organisation religieuse ou spirituelle où la dîme est attendue. Cependant, la différence réside dans le fait que la contribution doit être une question de choix. Si vous êtes soumis à des pressions, jugé ou traité différemment en fonction de vos contributions financières, vous pourriez être victime d'abus financiers.

J'ai travaillé avec de nombreuses personnes impliquées dans des organisations professionnelles, spirituelles ou religieuses où elles ont été ostracisées ou se sont vu offrir certains privilèges en raison de leur contribution financière. Cette situation crée un écart évident entre ceux qui donnent et ceux qui ne donnent pas.

Reconnaître les abus financiers peut être un processus intuitif. Votre corps peut réagir lorsque vous entendez parler de ces situations et vous faire réaliser que "j'ai vécu cela". La maltraitance financière peut également consister en la prise en charge par une seule personne des questions financières d'une personne âgée, telles que la procuration ou le testament. Elle peut même se manifester par des disparités sur le lieu de travail, un sexe recevant un salaire nettement plus élevé que l'autre alors qu'il occupe le même poste. La maltraitance financière revêt de nombreuses formes et peut affecter les personnes de différentes manières.

Par conséquent, si vous pensez avoir été victime d'une forme quelconque d'abus financier, il est essentiel de vous fier à votre intuition et de reconnaître que votre liberté financière a été violée. Qu'il s'agisse d'un membre de la famille, d'un patron, d'un enseignant ou d'un chef religieux, ces situations peuvent vous priver du contrôle de votre argent. Si vous ne vous attaquez pas à ces problèmes, vous resterez sous leur influence, répétant les mêmes schémas et les mêmes expériences avec l'argent. Cette situation n'est pas viable. En ce qui concerne l'argent en particulier, les gens veulent souvent guérir rapidement lorsqu'ils ont été victimes d'abus, mais ils peuvent résister à l'idée de reconnaître les abus financiers parce que cela remet en cause l'image qu'ils ont d'eux-mêmes.

Pourtant, la prospérité financière est un droit inné. Votre situation financière n'est pas liée à la couleur de votre peau, à votre éducation ou à d'autres facteurs externes. L'argent est une énergie à laquelle vous pouvez accéder et que vous pouvez attirer. Les obstacles à la prospérité sont les croyances limitantes et les perceptions négatives de soi qui découlent d'expériences passées d'abus financiers.

Pour vivre radicalement, vous devez d'abord conquérir l'état d'esprit qui vous retient. Voici donc la vérité sur l'argent et les finances : Vous méritez tout ce que vous vous autorisez à avoir et tout ce que vous désirez. Peu importe vos antécédents, l'argent est une énergie que tout le monde peut exploiter. Cependant, nos systèmes de croyances, façonnés par des expériences d'abus et de négligence, peuvent nous freiner. Votre valeur financière n'a rien à voir avec votre valeur personnelle. Qu'il s'agisse de votre sexe, de votre éducation ou de tout autre facteur, vous avez le potentiel de réaliser tout ce que vous désirez si vous parvenez à vous libérer des chaînes de la maltraitance et à embrasser votre prospérité financière.

Ne laissez plus les abus du passé dicter votre avenir financier. Au lieu de cela, affrontez la réalité, débarrassez-vous des bagages qui ne vous appartiennent pas et entamez votre voyage vers la liberté financière. Avec l'honnêteté et la conscience de soi, vous pouvez commencer à manifester la richesse et la sécurité que vous méritez vraiment.

Maintenant que vous avez un état d'esprit sain, je vais vous donner cinq étapes simples à suivre pour vous débarrasser des contraintes financières. Vous n'aimerez peut-être pas la première, mais elle est essentielle. Commencez par noter ce que vous détestez dans l'argent. Dressez une liste de 10 à 15 choses que vous n'aimez pas, qu'il s'agisse de la lutte, des conflits, des factures, des frais d'intérêt ou de tout autre aspect qui vous pose problème. Ensuite, notez tout ce que vous aimez dans l'argent, comme la liberté, les choix et les opportunités qu'il offre, sans vous concentrer sur des marques spécifiques.

Une fois cette étape franchie, passez à la troisième. Imaginez une vie où l'argent n'est plus un problème. Réfléchissez à ce que vous choisiriez et à ce que vous auriez dans votre vie si vous disposiez de tout l'argent que vous désirez, sans plus jamais vous en soucier. Cette étape peut s'avérer difficile pour de nombreuses personnes, car elles sont bloquées dans un cycle d'amour-haine avec l'argent.

La quatrième étape consiste à décrire ce que vous ressentiriez si vous disposiez de tout l'argent dont vous avez toujours eu besoin, sans plus jamais vous en préoccuper. Comment votre comportement changerait-il ? Marcheriez-vous avec confiance, sourieriez-vous plus souvent et vous exprimeriez-vous différemment ? À quoi ressemblerait votre corps ? Votre garde-robe changerait-elle ? Réfléchissez à l'endroit où vous vivriez et à la manière dont vous vivriez.

La cinquième étape consiste à réfléchir à ce que vous aimeriez rendre au monde si vous disposiez de plus d'argent que vous n'en aurez jamais besoin. Quels types de contributions, d'organisations caritatives ou d'initiatives soutiendriez-vous ? Qu'il s'agisse de fournir de l'eau potable aux pays dans le besoin, de financer l'éducation, de créer des organisations à but non lucratif ou de poursuivre des projets créatifs, mettez par écrit vos rêves et vos aspirations.

Le fait de coucher ces pensées sur le papier a un effet transformateur. Il transforme l'énergie de vos désirs en réalité, en vous offrant de nouveaux choix et de nouvelles possibilités. N'oubliez pas qu'il est crucial de faire le premier pas, le One Degree Shift™, de votre situation actuelle en fonction de ce que vous avez écrit. De nombreuses personnes ont tendance à s'enfermer dans la mentalité du "je n'ai pas", mais ces cinq étapes peuvent vous aider à vous en libérer. Adoptez le One Degree Shift™ et commencez à vous frayer un chemin pour rendre possible ce que vous pensiez impossible.

ROMANTIQUEMENT VIVANT

Dans une relation, les conflits surgissent souvent sous différents angles et de différentes manières, même si vous n'aviez pas l'intention de les provoquer. C'est comme un schéma récurrent qui revient sans cesse et qui vous fait vous demander : "Est-ce bien ce que je voulais dire ?" Mais il se manifeste quand même. Ce thème récurrent vous indique que quelque chose de plus profond est en jeu.

Par exemple, dans ma propre vie, il y a eu un moment où j'ai réalisé que des conflits apparaissaient dans divers aspects de ma vie, et je me suis soudain vu comme le dénominateur commun. Il est devenu évident que j'étais prisonnier d'une cage relationnelle, où mes tentatives de communication ou de connexion se heurtaient à une résistance ou à une lutte constante. C'est le sentiment que, où que l'on se tourne, on est en quelque sorte coincé dans une boucle.

Cette situation est également fréquente dans les relations unilatérales. Malheureusement, l'identification d'une relation unilatérale peut être assez exaspérante. Pourtant, il est assez facile de la repérer. Après avoir quitté une telle relation, vous vous demanderez peut-être : "Pourquoi l'ai-je endurée si longtemps et qu'est-ce qui ne va pas chez moi ?" En réalité, il n'y a rien qui cloche chez vous. Le problème, c'est que la plupart d'entre nous n'ont pas appris ou montré comment s'engager dans une relation de soutien mutuel, transparente, réciproque et contributive.

En fait, si vous consultez la définition du mot "relation" dans le dictionnaire, vous verrez qu'il s'agit de la distance entre deux objets. De nombreuses personnes fondent leurs relations sur cette interprétation, ce qui conduit souvent à une dynamique unilatérale - du moins après les trois à six premiers mois de bonheur.

Une relation unilatérale se caractérise par un déséquilibre important entre ce que l'on donne et ce que l'on reçoit. Vous pouvez constater que tout ce que vous demandez n'est pas satisfait, ou pire, que vous êtes confronté au jugement, à la critique et au sentiment d'en avoir "trop demandé". Dans ce type de relation, vos besoins sont souvent ignorés et vous vous sentez pris au piège.

Les relations unilatérales peuvent également impliquer un éclairage au gaz, où l'autre personne vous manipule pour que vous doutiez de votre propre réalité. Elle peut devenir totalement égocentrique, ne se préoccupant que de sa propre vie et de ses problèmes. Cette approche narcissique peut vous laisser faire le gros du travail pendant qu'elle se contente de prendre sans donner.

Cependant, ne vous attendez pas à ce que l'autre personne change. Il est essentiel de fixer vos limites, de communiquer vos besoins et vos points non négociables, même s'il est probable qu'ils ne seront pas satisfaits. Parfois, le fait d'énoncer ces limites peut faire prendre conscience à votre partenaire de la réalité de la situation et l'inciter à faire les changements nécessaires. L'essentiel n'est pas de critiquer ou de pointer du doigt, mais de se prendre en main et de choisir ce qui va dans le sens de son bonheur et de son bien-être.

En fin de compte, il ne s'agit pas de rester ou de partir ; il s'agit de trouver la joie et le don et la réception mutuels dans votre relation. S'il n'y a pas de joie, pas de véritable partage, il est temps de réévaluer la relation. Vous ne pouvez pas changer ou choisir pour quelqu'un d'autre ; vous ne pouvez choisir et changer que pour vous-même.

Rappelez-vous que vous êtes responsable de la création de votre vie. Qu'il s'agisse de se séparer ou d'aller de l'avant ensemble, il en va de votre bonheur, de votre clarté et de la poursuite de votre plein potentiel. Il n'y a pas de bien ou de mal - il s'agit simplement de savoir si vous êtes heureux, si vous vous sentez bien et si vous vous sentez à la hauteur de votre potentiel.

Les relations sont comme une danse, et il est essentiel de reconnaître que chaque personne impliquée a sa propre fréquence. Certaines personnes ont plus de facilité à s'harmoniser entre elles dans un type de relation donné. Ce qui fonctionne pour vous ne fonctionne pas nécessairement pour votre partenaire, et vice versa. C'est là que commence véritablement la danse des relations.

La clé de l'aisance dans une relation réside dans l'ouverture, l'acceptation et la curiosité à l'égard de l'autre personne avec laquelle vous avez choisi de vous lier. Lorsque vous êtes confronté à des différences ou à des défis, résistez à l'envie de réagir par la frustration ou le jugement. Abordez plutôt la question avec curiosité. Par exemple, au lieu de vous énerver, posez des questions et cherchez à comprendre le point de vue de l'autre personne. Engager le dialogue et s'intéresser sincèrement au point de vue de l'autre peut transformer un problème potentiel en une occasion de renforcer les liens.

Il est essentiel de reconnaître que toutes les relations ne sont pas faciles et que vous pouvez parfois, sans le savoir, imiter les schémas de votre famille. La façon dont vos parents interagissaient peut avoir laissé une empreinte sur votre propre approche des relations. Soyez conscient de ces schémas et essayez de cultiver la curiosité, l'acceptation et la tolérance afin de construire une relation plus harmonieuse et plus épanouissante.

N'oubliez pas que l'attitude défensive et la réaction peuvent créer une distance et entraver l'intimité d'une relation. Pour favoriser l'aisance, cherchez à faire preuve de plus de curiosité, d'acceptation et de tolérance. Au lieu de vous concentrer sur les problèmes, donnez la priorité à l'exploration des possibilités avec votre partenaire.

Si vous êtes à la recherche d'une relation plus agréable et plus enrichissante ou si vous vous demandez comment insuffler plus de plaisir dans votre relation, voici cinq suggestions. Voici cinq suggestions, et si elles ne vous conviennent pas, n'hésitez pas à créer les vôtres :

Un : Choisissez une activité qui vous procure de la joie à tous les deux, quelque chose qui suscite l'excitation et crée une expérience commune. Qu'il s'agisse de regarder un film, d'assister à un événement ou simplement de déguster du popcorn, n'hésitez pas. La langue ou le format n'ont pas d'importance ; l'essentiel est de savourer le temps passé ensemble.

Deuxièmement : trouvez quelque chose qui mérite d'être célébré en tant que couple. Il peut s'agir d'une rencontre avec des amis, d'un dîner chic ou d'une occasion de s'habiller et d'exprimer sa gratitude l'un envers l'autre. Reconnaître votre lien peut être une expérience délicieuse en soi.

Troisièmement : Essayez d'inverser les rôles. Chacun d'entre vous choisit une activité que l'autre n'aurait peut-être pas choisie au départ. Cela vous encourage à explorer les intérêts de votre partenaire et à élargir vos propres horizons. Vous ne répéterez peut-être pas toutes les activités choisies, mais vous apprendrez à mieux vous connaître.

Quatre : Mettez-vous au défi d'apprendre quelque chose de nouveau ensemble. Découvrez ce qui passionne votre parte-naire dans ses centres d'intérêt et partagez vos passions. S'en-gager dans de nouvelles expériences peut être une aventure qui resserre les liens.

Cinq : Consacrez du temps à votre plaisir personnel et encou-ragez votre partenaire à faire de même. Parfois, le fait de prendre soin de soi et de poursuivre des intérêts personnels peut ajouter une dynamique rafraîchissante à votre relation. Planifiez un voyage ou faites preuve de spontanéité pour rompre avec la routine.

Ces mesures introduiront de la variété et de la vitalité dans votre relation, ce qui vous permettra d'apprécier les moments partagés et de continuer à grandir ensemble. Ce serait une relation idéale où vous pourriez être radicalement orgasmi-quement vivants.

SE LEVER ET RUGIR

En fin de compte, je dirais qu'être radicalement vivant à notre époque, c'est se lever et rugir. Il s'agit de dévoiler le vrai vous qui a toujours existé en vous, prêt à se libérer dans la réalité.

Lorsque vous libérez votre moi authentique, vous rayonnez d'authenticité, de passion, de vitalité et d'un nouveau type de pouvoir féroce. C'est comme si vous découvriez un super pouvoir, une puissance incroyable qui alimente votre énergie et vibre à la fréquence de "oui, on y va".

Malgré les batailles, les traumatismes et les drames du passé, il est temps de se lever et de rugir, en faisant les choses différemment qu'auparavant. Ce qui a fonctionné dans le passé n'a plus d'importance parce que ce n'est pas maintenant et que cela n'a pas donné les résultats que vous saviez être capables d'atteindre.

Rise up and ROAR incarne le "maintenant" où il n'y a pas de place pour l'attente. Il s'agit d'agir pour apporter de la joie et contribuer au monde dans son ensemble et à sa propre vie. Il n'y a plus de tolérance pour la médiocrité, plus de place pour la routine banale d'une semaine de travail de 40 heures. Il s'agit de dépasser ses limites, de se faire confiance comme jamais auparavant et d'avoir foi en sa capacité à créer quelque chose d'extraordinaire.

Il s'agit d'en faire plus, de viser le Super Bowl, la World Series et toutes les récompenses. Il s'agit de donner le meilleur de soi-même au monde et de se sentir victorieux. Il ne s'agit pas seulement de faire, mais aussi de recevoir. L'univers vous bénit continuellement dans tous les aspects de la vie, sur le plan personnel, relationnel, professionnel et énergétique. Qu'il s'agisse de créer l'espace dont vous avez besoin ou de recevoir ce que vous désirez, cela se fait sans lutte. Même lorsque des défis se présentent, ils ne sont plus perçus comme des luttes parce que vous avez acquis une compréhension profonde qui vous permet de faire des changements lorsque c'est nécessaire.

L'essence de Rise Up and ROAR est de savoir que vous possédez un rugissement à l'intérieur de vous, et que ce qui vous est destiné viendra sans aucun doute à votre rencontre. Si vous êtes en résonance avec cette connaissance, je vous invite à vous joindre à moi dans le voyage qui consiste à se lever et à rugir ensemble.

POSTFACE
OUVREZ-VOUS À LA JOIE ET ACCUEILLEZ-LA.

Vous découvrirez que vous dansez avec tout.

— *ALPH WALDO EMERSON*

Si certaines des idées que vous avez lues vous semblent radicales, c'est normal.

Lorsque vous avez vécu de manière restreinte, en contrôlant et en répartissant votre énergie, confiné dans un cercle étroit de mouvements - dans la cage invisible de l'abus - il est normal que cela vous semble un peu fantaisiste, peut-être hors du domaine de votre imagination de faire les choses complètement différemment...

Vivre une réalité radicalement orgasmique et vivante. Ou, comme j'aime à le dire...

Vivre votre ROAR !

En vérité, ce que j'ai présenté ici n'est qu'un début, pour vous permettre d'avancer vers l'Autonomie radicale - un peu comme " Créer après avoir été maltraité " sur des roulettes d'entraînement.

Cependant, comme je l'ai promis au début, les outils - concepts, conseils et étapes - que j'ai présentés ici vous guideront à travers un marasme de résistances qui vous ont attaché à une expérience étriquée de la vie.

La résistance se présente sous de nombreuses formes - et la plupart d'entre elles semblent tout à fait " réelles " et crédibles. Il semble que vous n'ayez pas l'argent, le temps, l'énergie, les connaissances ou les compétences nécessaires pour faire ce que vous voulez.

Mais ce ne sont pas des raisons ou des justifications. Ce sont des créations.

Et elles découlent toutes de l'idée que "quelque chose ne va pas chez moi... vous voyez ?".

S'il y a une chose à dire sur la résistance, c'est qu'il y a toujours quelque chose qui se dresse entre vous et ce que vous voulez. En fin de compte, ce sont toutes des créations - des excuses déguisées - conçues dans un seul but : vous empêcher de vous aventurer au-delà de ce que vous connaissez et percevez comme sûr.

En y regardant de plus près, ce type de sécurité est un terme relatif, une cible mouvante, définie par un contexte que vous avez créé à un moment donné pour vous protéger. Pourtant, lorsque vous vivez dans une cage invisible d'abus créée à partir d'un passé abusif, qu'est-ce qui est réellement sûr ?

La prochaine fois que vous vous sentirez résistante, que vous aurez peur d'affronter quelque chose ou que vous aurez l'impression d'avoir tout essayé sans succès, voici quelques questions à vous poser :

Si je savais que c'est ce qui m'empêche d'avancer, serais-je prêt à le laisser tomber ? Suis-je prêt à abandonner mon jugement à ce sujet ? Suis-je prêt à échanger "x" contre "y" ?

En conclusion, la véritable sécurité ne peut être expérimentée que par l'expansion et la conscience, par votre propre prise de conscience dans le présent. Elle vient de l'apprentissage de la reconnaissance et de l'écoute des chuchotements de la conscience en vous, de la confiance en ce que vous entendez et de l'action à chaque instant.

C'est choisir le bonheur et le laisser vous guider.

C'est s'ouvrir à la facilité, à la légèreté, à la joie et au plaisir qui sont possibles lorsque l'on choisit pour soi.

Et, en fin de compte, c'est apprendre à vivre avec gentillesse...

Pour les autres, pour la planète et surtout... pour vous.

Lisa Cooney est un leader créatif et génératif dans le domaine de la transformation personnelle et une autorité en matière d'épanouissement, du traumatisme à la beauté. Thérapeute conjugale et familiale agréée, titulaire d'un doctorat, maître guérisseur Theta et facilitatrice certifiée,  elle est la créatrice de Live Your ROAR ! Be You ! Au-delà de tout ! Créez de la magie ! Le travail du Dr Lisa a permis à des milliers de personnes de passer du stade de l'abus sexuel dans l'enfance et d'autres formes d'abus à celui d'une "Radically Orgasmically Alive Reality" (ROAR) (réalité radicalement vivante et orgasmique).

La magie de son travail est centrée sur les concepts fondamentaux qu'elle a utilisés pour se guérir, non seulement des abus subis dans sa petite enfance, mais aussi d'une maladie qui mettait sa vie en danger. Ces principes essentiels, qui comprennent les 4 C - choisir pour vous, s'engager pour vous, collaborer et savoir que l'univers conspire à vous bénir, et créer la vie que vous désirez - sont la pierre de touche d'une transformation profonde et durable.

En plus de ses propres contributions révolutionnaires et "révélatrices" au corpus de la sagesse transformatrice, elle est douée pour utiliser les modalités créatives et énergétiques afin d'aider les autres à aller au-delà des obstacles et à entrer dans un lieu de leur propre connaissance... cet espace où ils ont un accès direct à la conscience de l'empreinte de leur âme.

Connue pour son approche de la vie " Je l'ai... quoi qu'il arrive ", le Dr Lisa guide à partir de l'âme et parle à travers le cœur, ne laissant aucune partie de l'âme derrière elle lorsqu'il s'agit de ramener une personne à la plénitude. Il est possible de créer une vie radicalement vivante au-delà des abus.

Allez-y, soyez génial...